歴史文化ライブラリー

177

海を渡った陶磁器

大橋康二

吉川弘文館

目次

歴史を映す鏡としての陶磁器——プロローグ

人類史の中の焼物

人類が焼物を使い始めてから、焼物は人類の歴史をあらわす尺度になりえた。原始的時代は焼物の比重が高かったから、縄文時代、弥生時代のように焼物が時代名称となるように、焼物が時代を表したのである。ところが人類の生活・文化が経済力の向上などで豊かになるにしたがって、物質文化が豊かになり、焼物の比重が減っていく。焼物もより複雑化していくことなどから、焼物で時代の動きをはかることは難しくなる。

また考古学的研究も縄文・弥生時代の研究は早くに行われたのに対し、文字が使われ始めた時代以後は遅れ、中世以降の研究が盛んになるのはさらに遅かった。中世は一九七〇年代以降、近世は一九八〇年代以降のことであった。

しかし、中近世にいたるまで考古学的に研究され、豊富な資料の蓄積によって陶磁器の生産・流通の変遷がわかってくると、それが、陶磁器の歴史のみならず、グローバルな政治・経済・社会・文化の歴史を映す鏡であることがわかった。つまり、政治の力、経済力の向上、貿易の活発化、生活文化の変遷で焼物も変わっていった。

政治の力という視点でみると、東アジアの中心であった中国は、釉薬をかけた優れた陶磁器生産の先進国であった。宋時代頃、青磁は高級な焼物の代表として世界の力を持った人々の憧れの的であった。日本でも唐物《からもの》として珍重された。漢民族の宋王朝を騎馬民族のモンゴルが倒し、元朝が樹立され、モンゴルが西アジアまで征服した結果、東西交易が活発となる。中国の青磁が広く行き渡るとともに、焼物の革命ともいえる染付《そめつけ》の誕生が元時代にあった。筆で青い文様を描いた染付の登場も、より活動的な騎馬民族の元時代であったからこそかもしれない。西アジアまで広く最高の磁器として受容された。しかし、再び漢民族の明王朝になると、自由貿易も禁止され、動きは鈍く一五世紀まで青磁の時代が退嬰的に続き、染付も皇帝の器など一部の人々の磁器として動きが停滞する。

ところが、欧州が力を貯え、危険を犯し、アジアにやってくる。大航海時代、一五世紀末のことであり、一六世紀にはポルトガルなどが進出し、中国の染付を欧州にもたらす。明の貿易禁止も緩み、貿易が活発となり、一気に染付の時代が到来する。この染付の時代の到来は、それまでの中国中心の時代から西洋に中心が移っていく歴史の幕開けでもあった。その後、現代まで染付の時代といえるが、その中をもう少し詳しく見ると、日本は一六世紀に貯えた経済力の中で、一六世紀末に秀吉という農民出身の権力者が登場し、高麗茶碗などを高く評価し、大陸侵略という暴挙の中で朝鮮人陶工を多く連行し日本の陶磁器生産が革新する。筆で絵文様を表す陶磁器が生まれ、日本初の国産磁器、染付が誕生する。

明後期に中国の染付が世界に流通したのも、中国の力が弱まり始めた表れであり、代わって西洋の力が強まり始めた表れであった。政治権力が強い地域は、欲しいものを購入するところから始まる。秀吉が最初、高麗茶碗を買い求めていたのが、エスカレートしていくと、日本で焼かせようと朝鮮人陶工を連行してくる。欧州も東洋の染付などを買い求め、一七世紀に大量に欧州に運んでいたが、やはり、何とか欧州でも作れないかという、ドイツの王侯の動きから、マイセン磁器がドイツで生まれ、欧州で磁器生産が活発になり、その結果、一九世紀後半には逆に欧州の陶磁器がアジアに輸出され始める。欧州が世界の中心になった表れでもある。こうしてみると、一六世紀に染付の時代に入ったのが中国衰退の萌芽として、一七世紀、一八世紀は中国の力が段階的に減退し、欧州が世界の中心になる過程であったといえる。その中国から欧州に世界の中心が移る時期に日本の国産磁器が誕生し、その後間もなく、中国磁器に代わって欧州にまで輸出されるという時代があった。

中国磁器に代わって輸出しながらも、中国磁器志向は払拭できず、肥前磁器の中で幕末までその色彩が強かった。一九世紀後半、ヨーロッパ陶磁器がアジアへ逆流するとともに、中国清帝国の力が終わり、日本も中国志向から欧米志向へと大転換するのである。

経済力、貿易の活発化も陶磁器の流通の広がりとなって表れる。一六世紀の染付以降、アジアだけでなくヨーロッパ・アフリカまでの地域に流通が広がった。肥前磁器がそうした時代に現れたために広域に流通したのである。これを微視的にみると、日本であれば、中世では中国の磁器を受容できた階層は富裕層に限られ、近世に入り、国産磁器が誕生しても、なお一七世紀には富裕層のものであった。それが次第に庶民の経済力が向上し、一八世紀後半に庶民も磁器の食器を使えるようになるまで普及が進んでいく。それは日本だけではなく、東南アジアなどでもみられることであり、貿易のグローバル化によって経済力の向上、磁器の食器の普及も広域のなかで似たような推移がみられるのである。

生活文化を映す陶磁器

生活文化は各国、各地域による差が大きいものであるが、それも地域の交流のなかで変化していく。日本の喫茶は中国から鎌倉時代に伝わったが、一六世紀末の秀吉時代にはかなり独特の茶の湯文化を創り上げ、茶碗・茶壺や茶の湯に用いられる陶磁器として、中国とはかなり異なるものが求められる。こうした東洋の茶が東西の貿易活発化のなかで欧州に伝わり、とくに一七世紀後半以降さかんになるが、イギリスの紅茶のようにずいぶん違った喫茶へと変化し、その器としての陶磁器も変化する。喫茶だけでなく飲食文化の地域差は東洋のなかでもかなり違うし、西洋となると日本との差はより顕著であるが、陶磁器の流通はグローバル化が早かったので、各地域の飲食文化など生活文化に基づく注文により様々な器種が作られた。情報がグローバル化した現代と違ってまったく情報のなかった当時においては、貿易の担い手がもたらす注文に従って、使われ方を知ることもなく、製作されたのである。

情報のグローバル化した現代、生活文化の地域差も減少しつつあるが、閉鎖的社会であった江戸時代までは、生活文化の地域差は想像を超えるものがあったのであり、陶磁器はそれを映している。

陶磁器が歴史を読み解く重要な材料であるのは、焼物は人類共通の道具であり、かつ、焼物は壊れても、焼けても消えることがない材質だからである。

一つの遺跡で出土する陶磁器では、その遺跡の歴史を考える手段でしかないが、広域でみていくと、その地域やその国の政治、経済、文化などを映し出す鏡になるのである。

陶磁器が語る対外関係

青磁から染付へ

陶磁器の流通から見たアジア

島国日本には中世に大陸から多くの陶磁器がもたらされた。大別すれば磁器と陶器があるが、相対的には磁器の方が高級品が多く、技術的、材料的に製作が難しいなどの理由から、わが国では作ることができず、もっぱら輸入に頼っていた。しかも磁器は食器が多く、陶器は天目茶碗《てんもくぢゃわん》のようなものもあるが、どちらかといえば壺《つぼ》・瓶《びん》などの容器となるものが多く、それ自体を商品とするだけでなく、なかに別の商品を入れて運ばれてきた場合も少なくないであろう。また輸入される陶磁器の多くは中国産であるが、いくらかは朝鮮半島産であり、さらにわずかに東南アジアなどから渡ってきたものがある。

このようにさまざまな陶磁器があるが、わが国ではできなかった磁器、とくに碗《わん》・皿《さら》といった食器がもっとも量的に多いため、陶磁器貿易の動きを概観するにはこうした磁器の碗・皿に視点を当てるのが適している。

中世における大陸から輸入された磁器、とくに中国磁器は青磁《せいじ》から染付《そめつけ》へと大きな変遷がある。鎌倉時代から室町時代前半の一五世紀頃にかけては青磁が中心の時代であった。その生産の中心は中国・浙江省《せっこうしょう》南部の大窯業地龍泉窯《りゅうせんよう》であった。唐代に浙江省北部の越州窯《えつしゅうよう》の技術が移転して始まったと考えられ、南宋時代から広く海外輸出されるようになる。元時代には西アジアにまで中国の勢力が及ぶため、龍泉窯の青磁は西アジアにも多く輸出された。とくにトルコ・イスタンブールのトプカプ宮殿にはオスマン帝国時代に収蔵された夥《おびただ》しい数の龍泉窯青磁の大作が今も保存されている。西アジアにはわが国にはない大皿や大花瓶のように大作が多いのは、生活文化の差と考えられる。

元時代、龍泉窯の青磁が全盛の時代に、まったく新しい装飾の磁器が、より内陸の江西《こうせい》省景徳鎮窯《しょうけいとくちんよう》で生まれた。景徳鎮窯も宋代から青白磁など白い良質の磁器原料を使って磁器を焼いていた。ところが新たに白い磁胎《じたい》にコバルト成分の青色顔料を使い筆で絵文様《えもんよう》を描き、上に透明の釉《うわぐすり》をかけて高温で焼いて青い文様を表す、染付という磁器を作り出したのである。中国では青花《せいか》と呼ぶこの染付は、磁器の世界を飛躍的に装飾性豊かで華やかなものにした。青磁は花や唐草《からくさ》などの文様を表すときは、素地にヘラや釘《くぎ》のような道具で文様を陰刻《いんこく》したり、文様を貼り付け青磁釉をかけて焼いた。青磁釉《せいじゆう》の下にうっすらと文様が浮かび上がるのである。これに対し、染付は白地に鮮烈な青の文様が浮かび上がるのである。筆で描くから絵画のように、より写実的な表現も可能になった。以後現代まで、磁器の主流をなす装飾という点を考慮するならば、この元時代、一四世紀が焼物の歴史のなかで一つの重要な画期といえよう。

元時代にまったく新しい染付磁器の生産が確立するのはなぜであろうか。宋・元時代の中国では私貿易が盛んであり、中国商人をはじめ民間交易活動は活発であった。とくにモンゴル族による元王朝（一二七一～一三六八）は全中国を支配するにあたってモンゴル人至上主義をとり、種族別に蒙古人《もうこじん》・色目人《しきもくじん》・漢人《かんじん》・南人《なんじん》の四等級の身分に分けた。第二の色目人はウイグル人、イラン人、チベット人、タングート人、アラブ人など西域系の雑多な民族を含み、蒙古人に次ぐ特権と待遇を与えられた。第三の漢人は南宋（一一二七～一二七九）時代には金の支配下にあった華北の住民のことで、中国人だけでなく、契丹人《きったんじん》、女真人《じょしんじん》、高麗人《こうらいじん》を含む。第四の南人は、南宋の支配下にあった江南の住民を指し、もっとも劣悪な待遇を受けた。景徳鎮のある饒州《じょうしゅう》は南人地域にあったが、磁器生産によって大きな税収を上げていたために窯業は保護されたとみられる。

また当時、西アジアにまで広がるモンゴル大帝国の支配下で、アジアの東西にまたがる貿易は活発化したものと考えられる。新たに画期的な磁器として生まれた青い文様の入った染付の優れた大作が、ペルシアなど西アジア地域に多いというのも、こうした元時代であったからと考えられる。コバルトで文様を描く陶器が西アジアで早くにみられることも、元時代に景徳鎮での青花生産が本格化することと無関係ではないと思われる。

明を建国した洪武帝《こうぶてい》が私貿易を禁じ、鎖国に近い政策をとり、明との通商をのぞむ国に対しては、明の属国となり、朝貢の形式をとることを求めた。こうしたなかでは自由な交流はしにくくなるに違いないから、元時代のように大帝国のもとで東西の交流が活発な時代に、西アジアの装飾性とかかわりが認められる青花磁器の生産が元時代に始まった蓋然性《がいぜんせい》は高いといえよう。

染付磁器が景徳鎮窯で作られ始めたからといってただちに青磁に取って代わって主流になったわけではない。生産量もまだ少なかったのであり、したがって伝世品《でんせいひん》も少ないため、元時代の染付は、「元染付《げんそめつけ》」と呼ばれて珍重されている。

「元染付」の大作は西アジアに多く渡っており、わが国では遺跡出土例も少ないし、伝世品はさらに少ない。わが国のなかで比較的多く出土するのは沖縄である。

明時代に入り、景徳鎮窯での染付生産はとくに一五世紀になって増えたものと考えられ、わが国にも少なからず輸入される。元時代には雑器《ざつき》が少なかったが、一五世紀になるとふつうの碗・皿の出土が目立つようになり、まだ量的に少ないながらもわが国での出土分布はかなり広がる。日本各地で鮮烈な青い文様が描かれた薄い磁器として受け入れられたに違いない。

一六世紀にはいると、まったく青磁との立場は逆転する。染付の碗・皿が輸入磁器の主流になるのである。

染付が磁器の主製品になり、一六世紀、大航海時代にアジアに進出してきたポルトガルなどが、中国磁器をヨーロッパに運び始める。そのため、ヨーロッパにはそれまで中国磁器の主流であった青磁はほとんどみられない。それが、一六世紀の中国染付磁器から多くなり、一七世紀初めからの芙蓉手《ふようで》意匠の景徳鎮染付は爆発的に増加するのである。一七世紀初めになるとポルトガルに代わってアジア市場に力を得たオランダが重要な貿易商品として中国の磁器を運び始めた。このように一六世紀前半に染付磁器が主流になると、景徳鎮の磁器を買えない購買層向けに、より粗製の安い染付が福建漳州《ふっけんしょうしゅう》地方で作られるようになる。これをわが国では呉州手《ごすで》、呉須手と呼び、欧米では出荷港の名からスワトウ・ウエアと呼ばれている。

この中国の染付の技術は、一五世紀に朝鮮に伝播《でんぱ》し、官窯《かんよう》中心に少量作られ、朝鮮では一六世紀になると休止する。休止の理由はふつう、染付顔料の呉須《ごす》の入手困難と、朝鮮では儒教国のため白が尊ばれたからと説明されている。実際どういう理由であったかはともかくとして、一六～一七世紀前半の朝鮮では白磁が作られた。鉄顔料で文様を表した鉄砂もいくらか作られたが、主に白磁であり、わが国にも西日本中心に朝鮮国産の白磁の出土例が分布する。

また中国の染付の技術は南のベトナムにも伝わり、一四世紀後半頃からベトナム北部で染付が作られ、わが国では安南染付《あんなんそめつけ》と呼ばれる。完全な磁胎というよりやや灰色を帯びた素地であり、独特の雰囲気を持つ染付である。一六世紀にかけては景徳鎮磁器をめざしたさまざまな器種の染付が作られ、東南アジアを中心に比較的広域に流通した。

龍泉窯から景徳鎮窯へ

(1) 龍泉窯《りゅうせんよう》

龍泉窯は浙江省の西南部の山間地にあり、窯《かま》は現在の龍泉市を中心に広域に分布する。一九七九年現在で、三〇〇ヵ所以上の窯跡があるという（李知宴「龍泉青磁の発展と輸出」貿易陶磁研究二号、一九八二）。温州《おんしゅう》にそそぐ龍泉渓という大河が流れ、なだらかな山並みに囲まれ、ゆったりとした景観は三〇〇年近い間、世界最大の磁器産地であった歴史を包み込んでいる。

青磁は釉薬《ゆうやく》に含まれる鉄分が還元炎《かんげんえん》によって緑色や青緑色を帯びるのである。もう少し詳しくいえば、青磁釉には酸化第二鉄（Fe_2O_3）が一～二％程度含まれ、この釉《うわぐすり》を素地にかけて、一二五〇～一三〇〇度の高温の還元炎で焼くと酸化第二鉄は酸化第一鉄に変わり、青緑から黄緑色に発色する。素地は磁器質のものと陶器質のものがある。釉が厚くかけられると、より深みのある濃い色ができる。唐・五代の越州窯《えつしゅうよう》青磁などは、釉層が薄く素地は灰色であるが、宋代の龍泉窯は釉が厚く素地も白く透明感の強い青磁が主となる。

晩唐から五代の越州窯の青磁は中国で「秘色《ひそく》」と称されたが、この名は宮中専用の器であって臣民は用いることができないことから付いた名といわれ、わが国でもこの中国の呼称を受けて、平安中期には舶来の青磁に「ひそく」の名が使われている。

龍泉窯の成熟期ともいわれる南宋時代には、釉層が厚く空色の深みのある青磁が主流となる。わが国では砧《きぬた》青磁と呼ばれる。元時代でも一四世紀になると、技術的、質的に大きな変化がみられる。釉色はより暗く、緑色が強くなる。次の明前半、一五世紀前半まではなお生産が盛んで、工芸技術のうえでも高い水準であったと考えられ、わが国では天龍寺船に因《ちな》んで「天龍寺青磁」と呼ばれる。

図1　青磁太鼓胴三足盤　龍泉窯
（佐賀県立九州陶磁文化館蔵）

明らかに衰退期である明代後半になると、釉はガラス化の程度が高く、素地が透けて見えるような青磁や水色のような明るい色調の不透明な青磁があり、わが国では「七官青磁《しちかんせいじ》」と呼ばれる。

一六世紀に衰退していくのは、高源《こうげん》の『遵生《じゅんせい》八牋《はっせん》』（万暦一九年〔一五九一〕）に、工匠（陶工）の技術はまずく、器の質は厚くなり、色も昔とは異なり、わずかに葱色のものがあってこれを上品としているがそのほかは油青色であり、作行はもっと下品である、とある。

また謝肇淛《しゃちょうせい》の『五雑俎《ござつそ》』巻一二には、

今龍泉窯、世不復重。惟饒州県景徳鎮所造、遍行天下。

とあり、龍泉窯の製品が重んぜられず、景徳鎮の磁器が全国に流通していることが述べられている。こうして明時代にだんだん衰退し、清時代にはいると康熙《こうき》（一六六二～一七二二年）頃にはほぼ廃絶状態になった。

こうした青磁生産の中心窯として龍泉窯があったが、龍泉窯の青磁は相対的に高級品であり、それより粗放で安価なものであったと考えられる青磁碗・皿の生産は福建・広東地方で行われた。一二～一三世紀には同安窯系《どうあんよう》と呼ばれる福建省同安県を中心として広がる青磁窯製品があり、明代でも福建・広東地方の粗製青磁生産は一五世紀頃まで活発であったと考えられる。これは後の染付磁器における高品質で高価な景徳鎮窯染付に対しての低品質で安価な漳州窯染付という関係に共通している。

(2)　景徳鎮窯《けいとくちんよう》

龍泉窯に比べて内陸に位置する江西省の景徳鎮窯は当時、浮梁《ふりよう》県であり、鄱陽湖に注ぐ昌江《しょうこう》中流域にある。初め昌南鎮と称されていたが、北宋時代の景徳年間（一〇〇四～〇七）に景徳鎮と改められた。五代頃から青磁、白磁焼成が始まっていた。宋代になると青磁は消え、白磁と青白磁中心に作るようになる。

元時代には白磁、青白磁の精粗に著しく差があるものが景徳鎮窯で作られ、その理由として元時代社会の貧富、貴賤の格差があったからと考えられている。このようななかで画期的な磁器の「青花《せいか》」すなわち染付磁器が始まったのである。青花は白磁の素地にコバルト青料を用いて文様を描き、透明釉をかけて高火度で焼成すると釉が熔けて下に描かれた文様が青く浮かび上がるのである。今、青花開始の時期については、景徳鎮南街の落馬橋窯跡出土の「辛巳《しんし》」の文字が書かれた陶片を、至正元年（一三四一）と推定し、有名なイギリス・パーシヴァル・デビッド財団所蔵の至正一一年（一三五一）銘《めいせい》青花《か》龍《りゆうもん》文双耳《そうじ》大瓶《たいへい》から一三四〇年と考えられている。

この元時代に景徳鎮に官窯が設置され、明時代になると御器《ぎよき》廠《しよう》と呼ばれる官窯が設置され、景徳鎮が中国磁器生産上、最高水準の製品を作り出

図2　染付皿　景徳鎮窯（佐賀県立九州陶磁文化館山口夫妻コレクション蔵）

していくことになる。

景徳鎮に官窯が設置された年代について、従来は一四〇二年（建文四）説があったが、佐久間重男氏はこの年代に疑問を提示された。つまり、一三九三年（洪武二六）「諸司職掌」の工部・陶器の条に、供用の器皿の必要量が多いときは京に工匠を集めて焼かせ、少なければ、景徳鎮や龍泉窯で焼かせよとあり、国が民間窯に注文生産し、その代価を支払うシステムをとった。洪武帝の時の官窯は、建国によって都の南京で建設が盛んななかで、大量の建築資材が必要で、それを焼く官窯としての瓦窯《かわらがま》が南京に設けられた。

国家的建設ラッシュのなかで瓦窯が設置されたケースとしては、琉球王国の例がある。沖縄県那覇市の湧田で発見された数基の瓦窯は中国式の構造と考えられ、いっしょに出土した中国景徳鎮の染付磁器では、一五世紀後半頃から一六世紀前半にかけてのものが多く出土している。一五世紀後半はちょうど、一四五三年に首里城が焼失し、その火災廃棄の大量の陶磁器が出土している。この火災年代については、出土陶磁器からしてもう少し遅い可能性もあるとする疑問の説があるが、いずれにせよ、尚真《しょうしん》王時代に琉球王国が最盛期を迎えたとされ、この治世下に円覚寺など多くの国家的建設事業を行った。この時期に中国の技術を導入して瓦窯を湧田に設けて瓦や磚《せん》などの建築資材を大量に焼かせたに違いない。のちの一八世紀の琉球王府の行政機構のなかに普請、鍛冶奉行とともに瓦奉行所が置かれていることからも、瓦窯が国の管理による官窯的性格をもっていたことがわかる。琉球は一三九二年頃、福建あたりの閩《びん》人三六姓が来たと伝えられるように、多くの中国人が海禁政策により、本国での貿易を厳しく制限され、移住してきたと考えられており、中国明の流れをくむと想像される。

景徳鎮に官窯が置かれたと推測されるのは、宣徳帝《せんとくてい》が一四二五年（洪熙《こうき》元）九月に相次いで亡くなった祖父と父の祭祀《さいし》のために、白磁祭器を焼かせる必要から中官（宦官《かんがん》）張善らを景徳鎮に派遣したと考えられるからである。実際の官窯磁器の製作は一四二六年（宣徳元）からと推測されている。こうして始まった官窯磁器製作は一四三三年には四四万三五〇〇件もの各種磁器が焼造されたという。官窯磁器は北京の宮殿の完成など、ことある度に多量の発注があるが焼造量には波があったようである。成化帝時代（一四六五～八七）は比較的政治が安定したためか年間焼造量は六万三三〇〇件に増え、以前の一〇倍近くに達し、嘉靖《かせい》・万暦《ばんれき》を除けばもっとも大量に作られた時代という。成化時代は技術的にも五彩《ごさい》、とりわけ豆彩《とうさい》という、今でも世界的に高い評価を得ている色絵《いろえ》磁器がこの時期に製作された。官窯磁器の高台《こうだい》内には「大明成化年製」の国年号銘を記したが、この景徳鎮の官窯が栄えた時代の年号銘は明末の官窯が衰退した時期には民間窯で模倣された。そうした磁器が一七世紀前半に日本にも輸入され、当時の日本の国産磁器として誕生した肥《ひ》前《ぜん》・有田窯《ありたよう》、すなわち伊万里焼《いまりやき》が最初に記した年号銘が「大明成化年製」なのである。そして江戸時代を通じて肥前磁器がもっとも多く使用した年号銘である。

また、日本や沖縄、東南アジア各地の出土品をみても、この一五世紀後半頃から碗・皿といった食膳用の染付磁器がみられ始める。ただし食膳用磁器とすると、一四四一年（正統《しょうとう》六）北京の宮殿完成にともない、新規に食膳用御器三〇万七九〇〇件余の発注があったという点も考慮する必要がある。景徳鎮の官窯と民窯の関係においては官窯製作に無償で従事したあと、自家生産につくことができたといい、当然、景徳鎮でも官窯で技術を学ぶことができたとみられるが、手工業者に三ヵ月間無償労働を課することに抵抗があり、一四五四年（景泰五）にこの無償労働の緩和が行われ、さらに、一四八五年（成化二一）には工匠たちの希望に応じて、無償労働の代わりに銀納でもよいとなった。陶磁器生産の陶工たちもこれに該当したと考えられる。実際、遺跡出土の景徳鎮染付の増加が一五世紀後半頃からのものというのは、生産地側としてはこうした民間窯の生産力の増大が背景にあったと考えられる。また民窯の碗生産に、意匠、器形を含めて、一四四一年の官窯への食膳用御器の大量注文などが強い影響を与えた可能性がある。つまり、出土する碗・皿の器形が一四世紀のものと考えられる碗とは異なり、このころ、一定した端反《はぞ》り形の薄手の染付が中心となるからである。

名君として知られた弘治帝（一四八七〜一五〇五）時代には官窯への発注は目立たないようだが、次の正徳帝（一五〇五〜二一）時代には、宦官の劉瑾《りゅうきん》らが実権を握り、帝は放蕩・奇行の有様で、各地で内乱が勃発した。景徳鎮では御器廠が復活し、次の嘉靖以降に引き継がれていく。

嘉靖《かせい》帝（一五二一〜六六）時代は帝がしだいに道教にのめり込み、祈禱や宮殿の建築に熱心となり、政治は権臣《けんしん》のほしいままとなる。こうしたなか、北方のモンゴルと南方の倭《わ》寇《こう》が脅かすことになる。こうしたなかでも、中国の経済力はかつてなく充実したという。

こうした経済力の向上を背景に宮廷の生活も豊かになったのかもしれない。御器廠の上《じょう》供《きょう》磁器の焼造額が嘉靖以後、次のように年々増大する傾向にあった。

嘉靖八年（一五二九）　二五七〇件
同一〇年（一五三一）　一万二三〇〇件
同二三年（一五四四）　七万余件

同三三年（一五五四）　一一万余件
隆慶五年（一五七一）　一二万余件
万暦五年（一五七七）　一六万余件

こうした増大に対し、一定期限までに作れず、新たに官搭民焼制を採用し、御器廠の監督下で民窯にも割り当てを焼かせ、御器廠に納めさせた。これらは御器廠の名で上供された。

この上供磁器には、「部限《ぶげん》」と呼ばれる工部の命ずる一定量の年間焼成磁器と「欽限《きんげん》」と呼ばれる皇帝が直接命じる緊急臨時的なものがあるが、後者は期限も迫られて量も多いので官窯だけでは作り切れず民窯に委託するようになったという。この民窯への委託は便宜的に始められたのが、嘉靖、隆慶、万暦の間に経常化していったようであるが、逆に言えば、こうした皇帝の注文に応じることができたことは、当時の民窯が技術的にもレベルアップしていたことを意味する。

万暦年間（一五七三〜一六二〇）に景徳鎮が「天下の窯器の集まるところで鎮民の繁富なことは江西随一であり、磁器生産活動が昼夜にわたって行われ、夜も寝られないほど」（王世懋『二酉委譚』）という。景徳鎮の繁栄の様が記されているが、この時期はポルトガルやオランダなどが、大量の景徳鎮磁器をアジアから遠くヨーロッパまで運び始めた時期に当たる。それまで軟質のヨーロッパ産陶器しかなかったヨーロッパ市場にも多量に流通し始めた時期であり、まさに磁器の流通と使用がグローバル化し、磁器の需要規模は飛躍的に拡大したとみられる。ヨーロッパが大航海時代に入り、飛躍的に経済力を増し、中国に代わってヨーロッパが世界の先進地に躍り出た。そのヨーロッパ市場が加わったことで磁器需要が大きく拡大したのである。景徳鎮は作れば売れる状態になり、生産が追いつかない状況にもなったことと思われる。

このように一六世紀になると、民窯中心に生産が行われ海外輸出も活発化する。明末・清初には御器廠の衰退、中断があったが、康熙《こうき》年間（一六六二〜一七二二）に再興される。

中国の海外貿易

明前半には朝貢貿易主体で、中国商人の海外貿易は海禁令によって中国商人の渡航を厳禁していたので、代わって琉球船が東南アジアと日本、朝鮮との間で中継貿易に活躍したのである。

朝貢貿易には、諸外国の国王が中国皇帝に明への臣属関係を表示する表文《ひょうぶん》を呈し、それに対し、明王朝が密貿易船や海賊船と区別するために割符《わっぷ》を与えたのであり、これを「勘合《かんごう》」という。勘合符は皇帝の代替わりごとに一〇〇道ずつ発給された。

日本は足利義満《あしかがよしみつ》のときに、日・明の国交を開き、勘合貿易が始まる。当初の遣明船は幕府が直接行ったが、一四三三年（永享五）の九回目からは財政難のため、有力な寺社や守護大名に礼金を取って勘合符を譲渡することも始まる。

応仁《おうにん》の乱以後、幕府の支配力が弱まると、有力な守護大名細川、大内両氏は遣明船の独占をめぐって争い、一五二三年（大永三）の寧波事件《ニンポーじけん》以後は大内氏が独占することになった。両氏の背後には新興の堺商人と博多商人の利害がからみ、博多商人中心の大内氏が独占していく。大内氏は一五三九年（天文八）、一五四七年（天文一六）の二度遣明船を派遣、一五四九年まで続いた。この天文頃に遣明船が派遣されたことを裏付けることとして、景徳鎮磁器で木瓜《もっこう》形の白磁皿に「天文年造」銘を入れたものがあり（図3）、またそうした形を円形でなく、花形に作られた磁器が日本の好みであることは、『籌海図編《ちゅうかいずへん》』（嘉靖四一年〈一五六二〉刊）に倭《わ》が好む磁器として、「花様を選んでこれを用い、香炉は小さな竹節香炉を好み、小さい皿は菊花形、碗や鉢も葵花形（稜花《りょうか》）のものを愛し、必ずしも官窯にのみこだわらない」と記される。「天文年造」銘皿は日本の年号を入れた景徳鎮磁器としてはもっとも古いものである。密貿易では困難であろうから、これは天文年間の大内氏経営の遣明船が注文した可能性が高い。

日明間で勘合貿易が行われた時期には、琉球船が東シナ海から南シナ海にかけての地域で活発に中継貿易を行った。海禁令下の明朝ではあったが、こうした勘合貿易と琉球の中継貿易によって多くの中国陶磁器が日本にもたらされたのである。この琉球の活躍も一六世紀前半頃までであり、ポルトガルの進出や、一五六七年、中国の海禁政策が中止され、南海への貿易が許されたためであるが、日本との貿易はなおも禁止された。

また中国は海禁令下にあっても、浙江、福建、広東などの東部沿岸地域には、法を犯して密航して貿易をしようとするものが絶えなかったし、一六世紀になると豪紳《ごうしん》層のなかに密貿易商人と組んで利益をあげようとする動きが出てくる。密貿易の中心は寧波《ニンポー》と漳州《しょうしゅう》の月港《げっこう》であった。

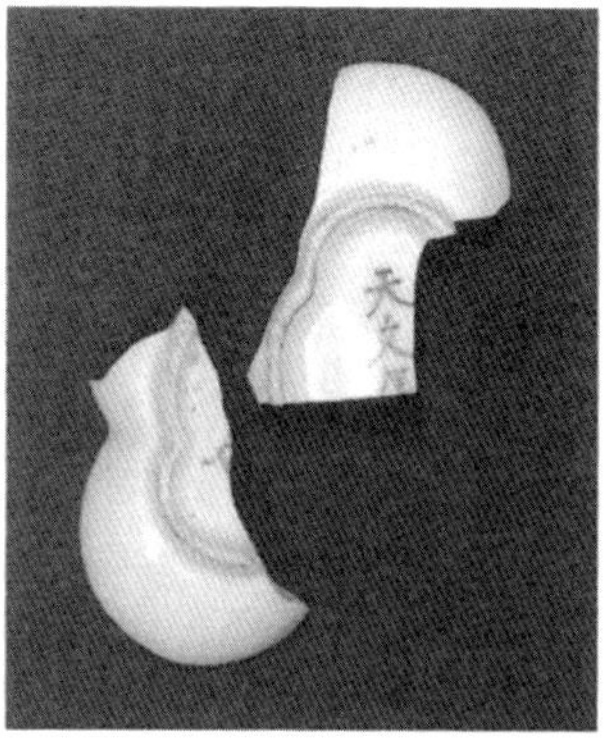

図３　白磁木瓜形小皿（裏面）
景徳鎮窯，根来寺遺跡出土
（和歌山県教育委員会蔵）

この密貿易を促したのは、ポルトガル人の来航や商品生産の急速な発展という。ポルトガル人のアジア進出は一四九八年、バスコ・ダ・ガマがインド航路を開拓すると、一五一〇年にインドのゴアを占領し、アジア貿易の拠点とするとともに、翌年、東西交易の重要な中継地であったマラッカを占領した。一五一七年、中国の広州に入ったが、中国の拒絶にあい、中国の密貿易商人と交易するようになった。

ポルトガルは一五四三年に日本に来航するが、日本で中国の絹が求められていることに目を付け、中国の絹を日本に運び、銀と交換して莫大な利益をあげた。同じ頃、中国の海商による密貿易船も盛んに九州に渡っていたといい、そのため明は一五四七年から倭寇攻撃を始め、途中失敗もあったが、一五五七年に五島列島に本拠をおいていた海商の代表、王直《おうちょく》を捕らえて処刑し、一五六三年には倭寇に大打撃を与えた。一方、ポルトガルは広州での通商が認められた。なお、一五五七年頃にはマカオを領有することになり、以後ほぼ一〇〇年にわたりポルトガルが中国貿易を独占することになる。

ポルトガルは日本から得た銀で、中国から絹・金・陶器・銅などを買った。当時の日本は世界有数の銀産出国であったという。博多商人が開発した島根県大田《おおだ》市の石見《いわみ》銀山の調査でも、一六世紀後半以降の中国磁器が多く出土していることが銀山としての歴史の開始時期を示している。石見銀山は、一五二六年（大永六）に博多商人が開発し、大内氏のあと、尼子《あまこ》、毛利《もうり》氏の争奪戦があり、一五六二年（永禄五）より毛利氏が領有、のち豊臣秀吉の間接支配を経て、徳川家康は幕府直轄とする。主に慶長（一五九六〜一六一五）頃の中国・景徳鎮、漳州窯磁器が唐津《からつ》陶器とともに出土しており、このことは慶長年間に最盛期があったという、文献史料による見解と符合している。

ポルトガルに東アジア貿易で立ち遅れたスペインは、一五七〇年にフィリピン諸島を占領し、その翌年、マニラを東洋貿易の根拠地として建設した。中国・日本との直接貿易はポルトガルの妨害で成功せず、マニラに来る中国商人との中国貿易を中心とせざるを得なかった。中国産の絹織物や陶磁器などが太平洋を越えてメキシコ、さらにヨーロッパ本国に運ばれた。

中国は一五六七年（隆慶元）、海禁政策を廃止して中国商人の出航貿易を許可した。その港として漳州月港を一定の条件のもとに開放した。この合法化された海外貿易により、とくに中国商人のマニラとの貿易が活発化したという。明は日本との貿易はなおも禁じていたので、直接、明との貿易ができなかった日本人は、マニラにわたって交易するものも秀吉時代頃には現れる。ルソン（フィリピン）で買い集めた壺が日本で茶壺として破格の値段で取引されたことは有名である。

こうして一六世紀後半になると、それまでの琉球に代わって、ポルトガル・スペインや海禁がゆるめられた中国船によってアジア貿易はさらに活発化したものとみられる。

とくに、一五七〇年（元亀元）、領主大村純忠《おおむらすみただ》との交渉の結果、長崎が開港されると、マカオと日本との間の貿易は安定した。一五八七年（天正一五）、九州を平定した豊臣秀吉がここを没収し、直轄地《ちょっかつち》として長崎奉行を置いた。秀吉は一五九〇年（天正一八）天下を統一すると、翌年から明の海禁をさけて、長崎は日明の密貿易地として重要性が増した、フィリピンのスペイン政庁に対して勧降交渉を行い、さらに一五九三年（文禄二）には同様に日明密貿易に重要であった台湾島にも入貢を促す文書を出した。こうした脅しも、征明の野望による朝鮮出兵へ矛先《ほこさき》が向けられただけで終わったが、一連のこうした秀吉の政策は海外貿易に対する要求に応えるものであったという。一方でポルトガル・中国船の貿易の保護のため海賊などを厳しく取り締まり、海上の治安維持を図った。

長崎はその後、朱印船《しゅいんせん》貿易の根拠地として海外からの船が多く来航した。それを物語るように長崎では一六世紀後半からの中国陶磁が多く出土する。それ以前の中国陶磁はほとんど出土しないのである。平戸の場合、一五四八年から王直が本拠としたこともあり、長崎より古い、すなわち一六世紀前半の景徳鎮染付類が比較的出土している。しかし多くなるのがやはり一六世紀後半からであるのは、日本の貿易の拠点が北部九州となり、一六世紀中頃に東アジア貿易の構造が大きく転換したためであろう。

唐物珍重

中世、先進の超大国、中国から輸入される文物《ぶんぶつ》は唐物《からもの》と呼ばれて珍重された。鎌倉幕府末期に執権《しっけん》となった金沢貞顕《かねざわさだあき》の書状に、「当時、鎌倉中　以下唐物　多々」とか「から物、茶のはやり候事、なをいよいよまさりて候」とあることから、中国の文物が多く輸入され、もてはやされていた様子をうかがうことができる。また、一三三六年（延元元）の建武《けんむ》式目《しきもく》に「唐物以下珍奇、殊不可有賞翫之儀者也」とあって、賞翫《しょうがん》してはいけないと言わしめるほど、唐物を珍重する風があったことを物語っている。

こうした中国から輸入した文物のなかに陶磁器が相当量入っていたことは、各地の遺跡から発掘される多量の陶磁器が裏付けてくれる。反面、それらの舶来の中国陶磁器が、どのように人々の生活のなかで用いられたかについては、どのような遺跡から出土するかに加え、少ない文献史料から推測したい。

中国の陶磁器の可能性があるものでは、一二一五年（建保三）「後鳥羽上皇逆修《ぎゃくしゅ》進物注文」に「種々唐薬八枝（付銀松枝、茶碗壺入薬、其上以薄様　裹之《これをつつむ》、入透袋）」とある。後鳥羽上皇は一一九八年（建久九）から院政を開始し朝廷権力の回復をめざしたが、一二二一年（承久三）承久《じょうきゅう》の乱を起こし、敗れて執権北条義時によって隠岐に流された。亀《かめ》菊《ぎく》殿が舶来の唐薬八種を「茶碗壺《ちゃわんつぼ》」に薬を入れ、そのうえ、薄様《うすよう》でこれを包み、透袋《すかしぶくろ》に入れたものを進物とした。「茶碗」は陶磁器を意味する言葉として中世にはふつうに使われた。したがって「茶碗壺」とは「陶磁器の壺」ということであるが、唐薬を入れた容器ならば中国製の可能性が高い。この時期の中国製の壺では、褐釉《かつゆう》陶器の壺や、磁器でも白磁や青白磁の壺があるから特定は難しいが、かなり日本にも輸出されている。おそらく薬茶などと同様に薬も湿気を嫌うであろうから、土器などではまずいのであり、湿気を通しにくいガラス質の上釉《うわぐすり》を表面にかけて焼いた陶磁器の壺が用いられたのであろう。それをさらに薄様と呼ぶ薄手の紙で包み、透袋にも入れて厳重に包み込んでいるのである。

次の一二一六年（建保四）の「東寺宝蔵納物注進状」に、

夜為盗人令盗取物等

茶垸壺壱口（赤地錦袋入之）

同火舎四口

とあり、二月五日の夜に宝蔵から盗人に盗み取られた物として、陶磁器の壺一個と同じく火舎《かしゃ》四個を記している。壺は赤地錦の袋に入れたものであり、宝物蔵に納められたものならばやはり唐物の可能性が高いと推測される。火舎は仏具としての香炉のようなものであり、当時はまだ少ないながらも青磁の香炉などが輸入されていた。青磁の香炉が多くなるのは一四世紀からであろう。

一二九〇年（正応三）、律宗の高僧叡尊《えいそん》の葬送の記録（金沢文庫文書）に、奈良西大寺から墓所に向かう葬送の行列は数万人に及んだことが記され、この葬送作法のなかで使うものを記したなかに「花立二具（茶垸）、瓶（茶垸大）（略）茶垸（小鉢三）」が陶磁器とわかるものである。陶器の花瓶のようなものは瀬戸でも作られているが、場所が奈良という点からすれば、中国製の可能性もある。

このように早い記録にみられるものは、薬などを入れる壺や仏具と思われるものが中心であるが、一三二五年（正中二）「金沢貞顕書状」にはじめて食事にまつわるものがみえ、しかも進物らしいのである。「昨日、御□はち□□茶垸のはち□、生苔調給候了、喜極候」とある。貞顕はこのとき幕府の連署であり、翌年、北条高時の辞職後に執権となったのである。そして一三三三年、鎌倉幕府滅亡のとき、一族とともに自刃《じじん》した。

南北朝時代から陶磁器が八朔《はっさく》贈答品としてしばしば現れるようになる。八朔とは現在のお中元（本来旧暦七月十五日の年行事であったが変質）のようなものであり、『空華日工集《くうげにっくしゅう》』応安三年（一三七〇）八月一日条に俗には「恃怙之節《じこのせつ》」といい、古人は田実《たのむ》のはじめての収穫をもって「相餉《あいおくる》」とある。陰暦八月一日。「田実（たのむ）の節供ともいい、本来は収穫に先だつ穂掛祭で、農家で、その年に取り入れした新しい稲などを、日ごろ恩顧を受けている主家や知人などに贈って祝った」（『日本国語大辞典』）という。こうした稲の収穫にまつわる節供《せっく》から派生した贈物をする風がいつ頃から始まったのかは明確でないが、すでに鎌倉時代には行われていた。

『吾妻鏡』宝治元年（一二四七）八月一日条に、

恒例の贈物の事、停止すべきの由、諸人に触れらるる。将軍家に進めしむの条、なお両後見のほかは禁制。

とあり、八朔に恒例の贈物をすることを止めるようにとある。そして将軍家への進上は「両後見」すなわち執権、連署のほかは禁じるとあるから、将軍家への進上も恒例化していたのであろう。

そして「関東新制事書」（式目追加条々）弘長元年（一二六一）にも「八月一日贈事々近年有此事、早可停止之」とあるから、まだ止まないので再び止めるようにと命じているのである。

以上が八朔の贈物についての早い史料であるが、近年この事があり、しかもそれをあえて廃しようとした点をみると、未だ後述の室町時代のような八朔儀礼の故実《こじつ》化が行われていなかったものと思われる。

それが一四世紀初めになると、『花園天皇宸記』正和二年（一三一三）八月一日に「今日自所々種々物等進之、是近代之流例也」とあり、元亨二年（一三二二）八月一日には「諸人の進物例の如し、蓋しこれ近古以来の風俗なり、人に益無く、国に要非ず、もっとも止《とど》む可き事か、しかれどもあながちまた費に非ず、自然に行い来たるか、なお然るべからざることなり」とあり、八月一日に天皇のもとにあちこちからいろいろな品が進物されるが、これは近頃の流行であるといい、人には無益であるし、国にいらないものだから止めた方がよいのだが、自然に行われてきたことなのでどうしようもない、との感想を記している。

鎌倉幕府が滅んだあとの一三四五年（貞和元）『園太暦《えんたいりやく》』（洞院公賢《とういんきんかた》の日記）には、この進物の風は俗習であり、去々年より行われたとあり、一三四八年（貞和四）では、自分はこのことを好まないが、進物を怠っては俗に背《そむ》くことになると嘆いているのである。公賢は当時、左大臣であり、一三四八年には太政大臣となった。「朝廷の有職故実に精通し、学識も豊かな当代随一の文化人でもあった」（『国史大辞典』）という。

このように一三世紀に鎌倉など武家に広まっていた俗習が、一四世紀前半には京都の朝廷にまで及んで戸惑っている様子がうかがえる。鎌倉より流行し始めたことは『康富記《やすとみき》』文安五年（一四四八）八月一日条に「八朔礼事」がいつ頃から始まったことかをたずねたところ、「後鳥羽院末《すえ》つ方より出来歟《しゅったいか》、但《ただし》不得慥《たしかな》所見、所詮先代より沙汰初歟、鎌倉より事起之由所語伝也」とあって、はっきりしないが後鳥羽上皇（一一九八～一二三九）末期より始まったといい、鎌倉より興ったとの伝承があると述べていることも裏付けている。

この八朔の進物のなかに陶磁器がみられるようになるのは、『祇園執行日記《ぎおんしぎょうにっき》』康永二年（一三四三）「鷹司殿へ憑物《たのみもの》（中略）御乳人《めのと》方へ丹波筵一枚遣之、御返扇一本、茶碗呉器二」とあり、一三四二年より関白となった鷹司師平《たかつかさもろひら》への憑物と乳人方への進物に対して、「御返し」として扇とともに「茶碗呉器二」が贈られているのである。呉器は五器とも書き、一四四九年『経覚私要鈔《きょうがくしようしょう》』には「染付呉器」ともある。この呉器は高麗茶碗の一つとして知られるように、碗形にこんもりして高台が高く撥形《ばちがた》に開く器形で、禅寺で使う漆《しっ》器《き》の呉器に形が似ているところから呉器と呼ばれるという。しかし、別に「合器」の薬（『大言海』）や合子器の意（『類聚名物考』）などがあり、蓋付《ふたつき》の合子《ごうす》のようなものを意味して使っており、祇園社の執行顕詮《けんせん》の日記『祇園執行日記』康永二年（一三四三）に綾小路《あやのこうじ》敦有宰相《あつありさいしょう》が亭主の月次茶会《つきなみちゃかい》で「課物」として「カウリヤウカウ《（香）》一器（入茶碗呉器）」とあり、さらに執行が「薬（呉器）」を取得したとある。この薬を入れる器については、『君台《くんだい》観左右帳記《かんそうちょうき》』に「象眼《ぞうがん》薬器」として合子の形の器が描かれている。したがってこの場合の呉器は合器つまり合子のことであろう。

いっぽう合器は蓋がつく椀《わん》のことであり、身と蓋を合することに由来する名という。のちに呉器が木製椀の形に作る茶碗をいうのもこの合器、五器から転訛《てんか》したものであろう。合器を五器と書いて飯碗、汁碗、平皿、坪皿、腰高の五つという説もあるが、『貞丈雑《ていじょうざつ》記《き》』ではそれは誤りとする。

この呉器は『経覚私要鈔』文安四年（一四四七）と宝徳元年（一四四九）、宝徳二年（一四五〇）にみられるが、その後はみられなくなる。

八朔の風は一五世紀になると憑《たの》みの贈物に対する憑み返し、つまりお返しも盛んで関西の記録上にも多くみられる。刀、布、紙、扇、茶、食物などとともに陶磁器も贈られているのである。

一四四二年（嘉吉二）『康富記』に「茶垸一染付」「染付茶垸二」が八朔贈答に出てきて、一四五五年（康正元）の八朔まで染付が盛んに贈答されている。この染付はもちろん景徳鎮窯産であり、一五世紀はわが国への染付の輸入は一六世紀に比べてまだ少なかった。八朔の贈答品に青磁は「茶碗青皿」（一四四四年）、「小茶碗二（染付一、青一）」（一四五五年）が青磁とわかるほか、「茶碗皿五束（百也）」（一四四四年）なども「茶碗」は磁器を意味し、茶碗皿は磁器皿のことであるから、当時の中国磁器はまだ青磁が多く、よりふつうの中国磁器は青磁であったから、こうした記述に種類を省略し、量の多い中国磁器は青磁と考えるべきであろう。

新しい白い素地に青い文様が鮮明に描かれた染付は驚きをもって迎えられたに違いない。平安時代に青磁を「秘色《ひそく》」といって感動し迎えた、それ以上であったかもしれない。ちなみに、八朔贈答のなかで種類のわかるものは染付、青磁のほか、「白茶碗」（一四四二年）すなわち白磁や、「造建盞《けんさん》二」（一四五〇年）は建盞すなわち福建省産の天目《てんもく》茶碗と思われる。

唐物の使われ方

鎌倉・室町時代での唐物の中国陶磁器がどのように用いられたか、時代による差の問題がある。記録にみられる陶磁器を一覧にしてみると、鎌倉時代、一四世紀前半頃までには例は少なく、薬を入れるためか壺や合器と考えられるものが多く、他には仏具の火舍、花立て、瓶などがあり、食器の可能性があるものとしては小鉢、鉢がある程度であった。実際、全国の遺跡の出土例をみても、政都鎌倉や京都、輸入の窓口であった九州では比較的多いが他の地域ではまだ少ない時代であった。

一四世紀後半以降、室町時代になると、一三六三年（貞治二）の鎌倉「円覚寺《えんがくじ》仏日庵公《ぶつにちあんこう》物目録《もつもくろく》」に湯盞一対（窯変）並びに台、青磁花瓶一具、同香呂一、建盞一、同台二対、青磁湯盞台二対、湯盞二対（饒州一対、鼈一対）、饒州湯瓶一、青磁花瓶香呂一対、青磁花瓶・香呂一対、建盞一対（在台）、茶碗鉢一、湯盞一八（在台）、建盞二〇（在台）など輸入陶磁器と思われるものがかなりあげられている。その多くが喫茶具に使われるものである。

図4　天目茶碗　中国（佐賀県立九州陶磁文化館白雨コレクション蔵）

一三八一年以前と推測される鎌倉「円覚寺方丈《えんがくじほうじょう》什物交割帳《じゅうもつこうかつちょう》」にも青磁大香炉一個、茶器（五個並びに台七個）、湯盞一〇個などがみえ、少し下って一五世紀半ばの一四四六年（文安三）称名寺の「湛円所有軽重物帳」に茶垸五（大小）、天目二（台共）、茶壺二（大小）、大海一、茶垸仏器一など喫茶具や仏具がみられる。鎌倉周辺の例ばかりであるが、各地の室町時代の遺跡で青磁に混じって天目（茶碗）の出土例がみられるようになることや、瀬戸窯で中国天目の写しの茶碗が盛んに作られるようになることなどの傍証がある。寺院からこうした喫茶が流行し、そのための中国陶磁が広まっていったことは、鎌倉での寺院跡などの発掘調査で鎌倉時代の早い年代の例が出土することでわかる。記録にはでてこないが、遺跡では寺院も含めて、天目よりはるかに多くの青磁碗・皿類が出土するわけであり、そうした青磁類は倉に収められるというより、もっと生活の前面に出て用いられていたに違いない。

絵画史料で鎌倉末期完成の『法然上人絵伝《ほうねんしょうにんえでん》』に、高野山の僧の住居に龍泉窯の青磁鉢と思われるものが描かれている。二重にもみられるから青磁鉢は套盆《とうぼん》、つまり草木を植えた粗製の鉢を収めて鑑賞の効果を上げるための鉢として転用されたのかもしれない。室町時代にも『蔭凉軒日録《いんりょうけんにちろく》』（一四六三年）に記された「青磁石菖鉢（鬼面足）」は、鬼面を表した三つの足がついた図1のような器形の盤であることは、絵画史料などからも明らかである。

こうして室町時代に入り、一五世紀になると一四二五年（応永三二）の「茶垸染付」（『看聞御記《かんもんぎょき》』）から、染付の記載が種類のわかる中国陶磁の記載例のなかでもっとも多くなるのである。わずかな記載例なので、簡単に当時の傾向を言うことは危険ではあるが、それだけ染付が注目されていたことを示唆するのではないか。

政都鎌倉――青磁全盛期の需要中心

商品経済の浸透

中世になり、商品流通経済がより活発化するなかで、食の器も焼物ではは土器の皿のようなものしかできなかったわが国で、しだいに目の前に現れるようになった光り輝く青緑色の青磁《せいじ》や白い白磁《はくじ》は宝石のように映ったに違いない。未だ稀少品であった平安時代の越州窯《えつしゅうよう》青磁は秘色《ひそく》と呼ばれたように、鎌倉時代に流通量が増えた龍泉窯《りゅうせんよう》の青磁は越州窯青磁以上に明度の高い青磁であり、装飾性も増していた。

鎌倉時代の政都鎌倉では、まさに源頼朝が入った頃から急に青磁や白磁がどっと入り始めた様子が、発掘された陶磁器資料でわかる。それは一三～一四世紀により増大する。質量ともに東日本のなかで群を抜いていることが、都であったことの証《あかし》でもある。ところが、新田義貞《にったよしさだ》らによって攻略され、幕府が滅びると、一寒村に戻るためか、鶴岡八幡宮や大寺院は別として、ほとんど中国磁器は出土しなくなる。まさに地中から発掘される陶磁器が鎌倉が鎌倉時代だけの都であったことを顕然と証明しているのである。

鎌倉時代には、中国陶磁の出土は量的に博多や大宰府に多いほか、九州各地の遺跡で多量の青磁・白磁が出土する。当時、中国との交易が九州中心に行われていたことの表れである。そうした地域差はあるにしても、鎌倉時代に入ると中国の青磁・白磁の碗《わん》・皿《さら》がそれまでになかったほど広範囲に全国的に出土分布するようになる。

図5　青磁酒海壺　龍泉窯，今小路西遺跡出土（鎌倉市教育委員会蔵）

博多は九世紀の唐時代に中国商人が来航して貿易を始めた。宋《そう》代には宋の商人と荘園領主との貿易が活発となり、博多のほか平戸（長崎県）・坊津《ぼうのつ》（鹿児島県）・敦賀《つるが》（福井県）などが貿易港として栄える。一二世紀中葉には平清盛《たいらのきよもり》が兵庫津を作り、宋との貿易に力を入れる。こうして一二世紀にはわが国に宋銭が大量に輸入され、貨幣経済の発展が促進された。宋銭が、以後中世を通じてわが国の貨幣として貨幣経済を支えることになった。そのあかしは中世の遺跡を発掘すると、室町時代の城館跡などでも、銅銭の多くは北宋銭であることでわかる。南宋時代には貨幣の鋳造が抑えられたため主に流通したのは北宋銭であり、貨幣量の不足を来したという。

この東アジアでの貿易の興隆は、何といっても中国の流通経済の著しい発展がベースにあった。宋代に農業の発展を基盤に商品流通が進展をみせる。茶、生糸、絹製品、陶磁器などが国内だけでなく海外にも輸出されるようになるのである。そうした商品流通の拡大は取引に必要な通貨需要を引き起こし、北宋代の銅銭鋳造は莫大な額にのぼった。

その結果、わが国にも宋船が盛んに来航し、喫茶の文化や陶磁器がもたらされるとともに、多量の銅銭の輸入によってわが国の貨幣経済の発展を促進することになる。

このように中国の経済発展を軸として、中国・朝鮮・日本を結ぶ新しい通商関係が展開することになり、これを実際に行ったのは私的な貿易商人であった。

平安時代には日本の対外交渉の窓口は大宰府であり、港は博多であったから、陶磁器の出土はこの地域に目立って多かったが、荘園制の発展とともに荘園領主は海外貿易にも積極的となり、宋船は博多のほか、平戸、坊津、敦賀などにも来航するようになった。一二世紀半ばに兵庫港が築かれるとともに、この頃から日本の商人も積極的に海外に乗り出し、朝鮮・中国へも渡るようになる。

中国はこうした朝鮮・日本との通商だけでなく、唐代頃からすでに西のイスラム商人との交易も活発に行うようになっていた。もちろんイスラム商人との交易は内陸隊商路、いわゆるシルクロードを通じても行われていた。

このように、宋代に中国の商品生産の著しい進展のなかで、華南の龍泉窯で青磁生産が盛んになり、折から、私的貿易商人が対外貿易に積極的に乗り出すなか、茶などとともに大量に日本にも輸入されることになった。それまでの日本の窓口博多だけでなく、力を増した荘園領主たちの求めで、平戸、坊津など九州各地ばかりでなく、敦賀など関西地区、瀬戸内海地域にも中国船が入って、直接中国商人との交易が行われたとみられる。そこからさらに各地の需要に対して供給された。この時期にはすでに中国の磁器の魅力は広く全国に認識されていたと考えられ、高価な唐物の磁器を買える地域に供給されたのであろう。

平安末期には白磁が奥州平泉の藤原氏の遺跡で多量に出土していることも、経済力のある地域に多くの中国陶磁が運ばれたことがわかる。

北日本への流通

鎌倉時代には東北地方にも中国の青磁が多く入るようになる。しかし遺跡出土の状況をみると東北地方のなかでも青森県西側に多く、東側や岩手などでは少ない。その傾向は日本海側の秋田、山形、新潟をみても、比較的出土例が多い点から、日本海側の舟運《しゅううん》によってより多く運ばれたことを物語っている。東日本太平洋側は政都鎌倉は別として少ない。

鎌倉時代の水運で活躍したとみられるのは北条得宗《とくそう》御内人《みうちびと》安東《あんどう》平右衛門入道蓮聖《れんしょう》である。安東蓮聖の活動の場は和泉・摂津・但馬・播磨・豊後など西日本に著しいようである。なかでも『峯相記《ぶしょうき》』に「乾元元年（一三〇二）安東平右衛門入道蓮性（号為条）福泊の島を築く。大石を畳上げ数百貫の銭財等を尽くして二町余沖へ築出せり。其功浦泊り兵庫の島にも劣らず。富貴商賈の輩多く家を造り。上下往来の船此の泊に付く。但し賀古河尻の砂浪に寄せられて島の内うまりて大船出入りせず。次第に衰微する也」とある。この安東蓮性が蓮聖と同一人であるならば、こうした安東蓮聖と水運のつながりは北条氏が水運掌握に力を入れたこととかかわりがある。「大乗院文書」嘉元四年（一三〇六）に三ヶ浦預所代等が関東御免の津軽船二〇艘之内随一の大船の積み荷（鮭・小袖等）を越前坪江郷佐幾良（崎浦）にて漂倒船として押し取り訴訟となったが、これによって津軽の船が越前方面まで行っていたことがわかるし、この津軽船が幕府の免許を得たものであったことがわかる。

この津軽の支配者は安藤氏である。北条得宗御内人の安東氏とは別系統と考えられるが、一四世紀から名がみえ、紀伊熊野那智大社の「米良《めら》文書」中に貞和五年（一三四九）一二月二九日の「陸奥国先達旦那系図注文案」に「津軽三郡内、しりひきの三世寺の別当は常陸《ひたち》阿闍梨《あじゃり》房舎弟《ぼうしゃてい》大和阿闍梨房にて候、彼の引たんな皆当坊へ可参候、安藤又太郎殿号下国殿、今安藤殿親父宗季と申候也、今安藤殿師季と申候也、此御事共当坊へ可有御参候」とあり、下国殿と号して当主の安藤師季は津軽三郡のうち尻引郷の三世寺（現弘前市岩木川近く）の檀那《だんな》であると記される。

図6　青磁牡丹文香炉　龍泉窯，尻八館遺跡出土（青森県立郷土館蔵）

津軽安藤氏と北条得宗家をバックに水運のうえで大きな力を持った安東氏との明確な接点は見出せないが、鎌倉時代の中国磁器の出土状況が、日本海側沿岸に濃密であり、青森西部地方に北限があることをみると、無関係でないように思われる。

南北朝から室町時代になると、青森県の尻八館《しりはちだて》、浪岡《なみおか》城などでも中国磁器の出土例は増加する。また一四世紀までは中国磁器がみられなかった北海道の道南地方でも上ノ国《かみのくに》町の勝山館のように中国磁器が多く出土する遺跡が現れる。

南北朝争乱は津軽地方にも及び、津軽の諸豪族は南朝方、北朝方に分れて争うのである。安藤一族も南朝と北朝に分れて戦った。南北朝争乱の終息後、南部氏の勢力拡大にともない南部氏と下国安藤氏の争いは続いたらしく、『満済准后日記《まんさいじゅごうにっき》』永享四年（一四三二）一〇月二一日条には「奥の下国、南部と弓矢の事、下国弓矢に取り負けエソカ島へ没落」とあり、下国安藤氏が南部氏と争い、下国安藤氏が敗れて蝦夷島《えぞがしま》つまり北海道の道南へ没落したという。この下国安藤氏は南北朝時代より一四三二年頃にかけて十三湊《とさみなと》を領していたと思われ十三湊を名乗ったし、若狭敦賀の「羽賀寺文書」に「永享七年（一四三五）三月二七日堂舎火　八季四月諸建本堂、然奥州十三湊日之本将軍為檀越、捧加奠大之賃銭」という記事があることから、蝦夷島へ没落以後もなお日本海沿いに活動していたものと想像できる。

北海道の上ノ国勝山館で一五世紀からの中国磁器が出土するようになるのも、十三湊安藤氏が一四三二年蝦夷島に没落した結果の可能性が高い。出土する陶磁器が史実を裏付ける一例である。

琉球の貿易

南の沖縄では一二〜一四世紀前半の中国青磁の出土例は少ない。この頃の沖縄すなわち琉球では、中国から来航する商人と受け身の取引を行っていたと考えられ、一五〜一六世紀のように、自ら大型船を造り海外貿易に乗り出していたのとは違うと考えられている（高良『琉球王国』）。琉球は、明の光武帝が明王朝を樹立して周辺諸国に使節を派遣して明を中心とする世界秩序（冊封体制《さくほうたいせい》）への参入をうながした。琉球には一三七二年に使節を派遣。それに対し同年、琉球の中山王察度《ちゅうざんおうさつと》は弟の泰期を、中国の使節に随行して中国に派遣・慶賀させた。こうして中国との間に朝貢関係を正式に樹立した。琉球は明への朝貢《ちょうこう》回数が前後一七一回ともっとも多い。

この冊封・朝貢のシステムは、中国皇帝が琉球の新国王に封ずる儀礼（冊封）の使節を派遣するのであるが、この冊封儀礼は琉球にとって国家的儀式であり、次のような三つの実質的効果があったという（高良『琉球王国』）。第一に、王権の権威が強化されたことがあげられる。第二に、王都から周辺地域への政治的権威の波及効果、つまり、冊封の儀礼の際には周辺農村、久米島《くめじま》、先島《さきしま》などの離島、さらに遠く奄美《あまみ》諸島などからも貢物が運ばれた。琉球内部における那覇の首里と周辺との従属・貢納関係が再確認された。

第三に、経済的効果である。国王の代替わりの際に冊封使の船と貿易する経済的効果があり、さらに冊封体制のもとで安定したかたちの定期的な朝貢貿易が保証されたという。冊封使節団に同行した福建商人たちがそれぞれ持参した個人貨物を琉球で交易した。

明王朝は民間貿易を禁じたから、この朝貢貿易が唯一の公式貿易の道であった。

図７　青花八宝文大合子　景徳鎮窯，首里城跡出土（沖縄県立埋蔵文化財センター蔵）

この明の海禁政策により、本国での貿易を厳しく制限された中国商人が海外に活動拠点を求め、中継貿易の拠点としての琉球の役割が高まったのである。一五～一六世紀前半にかけて、琉球はアジアの貿易拠点として、明、朝鮮との通交はもちろん、日本の博多を経て瀬戸内海、兵庫、畿内への流通ルート、また一部は壱岐、対馬を経由して朝鮮半島へのルートがあった。

琉球船の活動は東南アジアに向けて活発であった。この東南アジアでもっとも琉球の派遣船の数が多かった国はシャム（現在のタイ）であり、一四二五年〜一五七〇年にかけて五九回という。一四二五年には琉球国王尚巴志《しようはし》がシャムにあてた文書に記載された礼物には、織物、硫黄、刀、扇とともに「大青盤四百個、小青盤二千個」があげられる。「青盤」は中国の青磁の盤に違いない（『歴代宝案』）。

また一五一五年のポルトガル人の記録によれば、琉球船はマラッカに「緑色の大きな陶器」すなわち青磁をもたらし、それをインドのベンガル商人が買って持ち帰るとある（トメ・ピレス『東方諸国記』）。

明初期には泉州に福建市舶司が置かれ、琉球との交流の舞台となったが、一四七二年に福建市舶司は福州に移された。

洪武《こうぶ》五年（一三七二）以降、中国と琉球間では使節が頻繁に往来し、琉球から中国への進貢船は一四七五年（成化一一）以後、二年に一回と決められた。明初の朝貢貿易において陶磁器取引が記録上最初にみられたのは琉球である。すなわち洪武七年、琉球王察度の弟泰期らが入貢し、その帰国に際し、陶器一〇〇〇件などの頒賜物のほか、陶器六万九五〇〇件、鉄釜九九〇個などがあげられる。洪武九年、洪武帝は「文綺・陶鉄器を齎賜し、且《か》つ陶器七万、鉄器千を以て、その国につきて馬を市《あきな》わしめ」た（『明史』）。中国は陶器と鉄器で琉球の馬と交換した。永楽二年、琉球使臣が進貢物の回賜に支給された銀で、貢使往来の沿途にあたる浙江《せっこう》の処州《しょしゅう》府で磁器を買い入れたことが、沿途《えんと》私販《しはん》の禁令に触れたが、永楽帝は遠人懐柔《かいじゅう》の意図からこれを不問に付したのである（佐久間『日明関係史の研究』一九九二）。

琉球は進貢の名の下に合法、非合法の手段で諸物資を民間で購入することができ、それらの商品を本国に持ち帰るばかりか日本、ジャワなどの他国へも販売して中継貿易の利益をあげたのである。当時品質的に他の追従を許さなかった中国の磁器は有力な商品であり、沖縄で一四世紀後半から一五世紀頃の龍泉窯青磁が豊富に出土していることが、このことを裏付けている。

一六世紀後半になると、琉球船の東南アジア方面への渡航は記録上、一五七〇年（隆慶四）が最後である。これは中国の海禁令解除の時期とも重なる。これは東南アジアへの貿易が公式に許され、中国商人らが直接交易するようになると、中継貿易で繁栄した琉球の役割は急速に失われていったものとみられている（高良『琉球王国』）。加えてポルトガルが東洋に進出したこともあり、琉球の貿易が一六世紀後半にはいると衰退していったようであり、そのために沖縄で出土する中国磁器が一六世紀後半になると急に減少し、この頃の本土の城館跡などで多く出土する中国磁器が沖縄ではあまりみられないという逆転現象がみとめられるのである。まさに出土する陶磁器が、貿易の盛衰を顕著に裏付けている例である。

地下から発掘されたモノのもつ意味

地下に埋もれている昔の人々の生活の営みの跡を発掘するなかで、土のなかから出てくる陶磁器、多くの場合それは壊れてかけらになっているが、それが何を意味するのか。それらは当時流通していた陶磁器がその地点で使われ、壊れゴミとして廃棄されたモノがほとんどである。〝ほとんど〞というのは、一部は人の蔵骨器か、生前大切にしていたモノなどを副葬品として埋葬したり、あるいは安全な収納方法の少なかった当時、意図的に大事なものを地下に埋納することもいくらか行われたからである。

つまり、使用していたモノが壊れて廃棄したモノがほとんどであるが、壊れずに後世に残るモノもあるし、所有者とともに別の地点に移るモノもあったと想像できる。戦火や火事にあったりするとその場所で焼けて廃棄されるが、火事に遭《あ》わなかった屋敷などの場合、後世に残ったり所有者とともに別の地点に移り、その場所に廃棄される割合が少ないことになる。そのような点を考慮しなければならないが、出土したモノはその場所で使用・廃棄されたモノであり、モノの動きを考えるとき、重要な証拠となる。

また、各時代の高級磁器は火事などに遭わない限り、大切にされ、長く代々伝えられて、後の世まで残るケースが多い。家宝としてである。こうして残った品を伝世品《でんせいひん》と呼ぶが、ある意味で特殊なモノであり、伝世品では当時の陶磁器流通のかなり偏った傾向を知ることしかできない。そこで、筆者は常に伝世品と出土品双方を念頭に置きながら考えていくことにする。

戦国時代——一乗谷朝倉氏城下町や戦国大名城下町

戦国大名と陶磁器

室町時代後半になると応仁《おうにん》の乱（一四六七年〜）以後、商人の活動が活発となり、年貢物《ねんぐもの》や商品の流通圏が拡大する。貨幣の流通と都市の形成もそれの背景としてあったが、一六世紀にはそうした経済力をつけた基盤が、東アジアの国際交流のなかで銀の灰吹法《はいふきほう》の精錬《せいれん》技術、鉄砲伝来とともに最新の陶磁器技術を受け入れ、急速な陶磁器生産の普及を実現したのである。

戦国時代には諸国に群雄が割拠《かっきょ》し、畿内《きだい》は土豪や自治都市などによってそれぞれの地域が治められていた。戦国大名には、幕府制度の守護代から下剋上《げこくじょう》によって領国大名にのし上がったものも少なくなかった。その代表は越前の朝倉孝景《あさくらたかかげ》である。文明四年（一四七二）には越前一国を平定し、一乗谷《いちじょうだに》（福井市）を居城とし、家臣を集住させ城下町が形成される。近世の一国一城政策の先駆的例として注目される。天正元年（一五七三）、織田信長によって滅ぼされるまでの朝倉氏五代約一〇〇年間の生活と文化が、発掘で明らかにされてきた。朝倉氏は京文化への志向が強く、後に一五代将軍となる足利義秋《あしかがよしあき》（後の義昭）をはじめ、公家ら京の文化人を迎えた。こうした京文化志向は出土する陶磁器にも現れ、豊富な中国を主とする輸入陶磁器が物語っている。当時の陶磁器ばかりか、一三世紀から一五世紀前半にかけての骨董品《こっとうひん》としての輸入陶磁器も多いのである。中国の青磁《せいじ》が主であるが、他に青白磁《せいはくじ》、元の染付《そめつけ》、天目茶碗《てんもくぢゃわん》、鉄釉《てつゆう》茶入、褐釉《かつゆう》の茶壺《ちゃつぼ》、朝鮮の高麗青磁《こうらいせいじ》などがある。

しかし、一乗谷でもっとも多く出土するのは、一五世紀末から一五七三年の滅亡の間に輸入された中国磁器である。その主なものは景徳鎮《けいとくちん》の染付であった。峻険《しゅんけん》な自然の要害を利用した山城《やまじろ》は軍事中心の城であるが、一乗谷は狭隘《きょうあい》な山あいに城下町を設けたのである。日常の生活の場はこの山下の館《やかた》と家臣たちの屋敷、職人、商人も集住した城下町であった。織田信長に攻め滅ぼされた一乗谷では、この山下の城下町で多くの陶磁器が焼け壊れた状態で出土した。

戦火などに遭わなかった城館では焼け壊れることも少ないので、出土量は比較的少ない。同様に攻め滅ぼされた例として、戦国大名後北条氏《ごほうじょうし》の重要な拠点であった八王子城がある。後北条氏は小田原城を居城として関東に覇《は》を唱え、伊豆、相模から武蔵、上野・下野・上総・下総にかけて領土を拡大した。その際に、支配の拠点として支城を配置し、一族や重臣を置いた。八王子城は氏康《うじやす》の次男北条氏照《うじてる》が築城。天正一五年頃に築城が始まり、豊臣秀吉の小田原攻めに備えて重要な役割を担ったが、天正一八年（一五九〇）に北国《ほっこく》勢に攻められ落城した。八王子城も険しい山城と山下に「御主殿《ごしゅでん》」と呼ばれる居館《きょかん》があり、発掘で庭園をもつ主殿と会所の建物跡が発見されている。

図8　五彩皿　景徳鎮窯，八王子城出土
（八王子市郷土資料館蔵）

山城では骨董品《こっとうひん》の一四世紀の青磁も出土しているが、焼亡した居館では約七万点に及ぶ多量の陶磁器が焼け壊れて出土した。一六世紀後半のまさにリアルタイムといえるほどの中国景徳鎮磁器が多量に出土した。上質のものは一〇客セット、ふつうの染付皿などは同じ文様のものが数百点ずつ数組にまとまって出土したという。城が新たに築かれて調達された舶載品《はくさいひん》が臨戦態勢で保管されたまま、焼け壊れた様子がうかがえる。当時、わが国で珍しかったと思われる五彩皿《ごさいさら》や瑠璃釉碗《るりゆうわん》などの高級品が出土していることは、経済力のあるところには東国であっても豊富に渡来していたことを教えてくれる。これほど一六世紀後半の景徳鎮磁器が出土する遺跡は関東ではほかになく、早くから注目されていた。こうした八王子城などの例はあるにしても、鎌倉時代の鎌倉以後、関東に再び中国磁器の流通が増えるのは、何といっても江戸の開府からである。

八王子城に近い青梅地方の中世城郭について発掘調査結果を検討したことがあるが、この地方の有力豪族であった三田《みた》氏は勝沼城を居城とした。関東管領《かんとうかんれい》扇谷《おうぎがやつ》上杉氏の老臣であったが、一五五九年までには後北条氏の他国衆として支配下に入った。永禄三年（一五六〇）、長尾景虎《ながおかげとら》（後の上杉謙信《うえすぎけんしん》）が関東へ攻め入ると、三田氏も多くの関東の諸将とともに北条氏から離反して上杉軍に加わったらしく、永禄六年（一五六三）には北条氏康に攻められ、三田の城を捨てて岩槻《いわつき》に逃げて自害した。したがって勝沼城での攻防戦はなかったと推測されており、この地方最大の平山城ではあるが、陶磁器の出土量は少ない。青梅地方の四つの城を通覧しても出土した陶磁器の量は多くないし、輸入中国磁器が少ないのである。瀬戸・美濃窯の灰釉《かいゆう》や鉄釉《てつゆう》の陶器の割合が多く、中国磁器の役割を瀬戸・美濃の陶器が果たしていたことがわかり、東日本太平洋側では一般的である。もちろん西日本と比較して陶磁器の碗・皿の出土量が少ないのは木器の比重が高かったせいかもしれない。

一六世紀になると染付中心

中国の磁器の技術が進歩した結果、青い文様を自在に表した染付が主流になる。その生産が盛んになり、需要側もこの染付を求め、一六世紀になると景徳鎮の染付がアジアに広く流通する。

東アジアで活発な中継貿易を行った琉球にもしだいに龍泉窯《りゅうせんよう》の青磁より景徳鎮の染付が多く運ばれるようになる。那覇市の中心部にある湧田《わくた》遺跡（現沖縄県庁など）は一五世紀頃から中国式の瓦窯《かわらがま》が設けられ、近世初めにかけての瓦窯が発掘された。ここで多くの一六世紀前半頃の染付碗・皿が出土した。ところが近世初めにかけての瓦窯でありながら、一六世紀後半の染付はほとんど見られないのである。琉球の貿易が衰退したことを陶磁器が裏付けている。

琉球列島から鹿児島の間に位置するトカラ列島のほぼ中央にある諏訪之瀬《すわのせ》島（鹿児島県十島《としま》村）、この切石遺跡で珍しい遺構が発見された。それは一八一三年の火山噴火による降灰が積もっており、この年で遺跡は廃絶した。中世から近世にかけてのネーシ（内侍）

図9　染付帆船文大皿　中国・漳州窯（佐賀県立九州陶磁文化館白雨コレクション蔵）

のウガンジョ（拝所）であると考えられている。この一つの土坑から「陶磁器が一三八個体、灯明《とうみよう》皿《ざら》が逆さまに重ねて積み上げられた状態で出土した。陶磁器が土坑の底面から浮いていたこと、付近から鉄釘《てつくぎ》が出土したことから、木製の箱に納められていたか、台の上にのせられていたかして埋納されたもの」（山田康弘編「諏訪之瀬島切石遺跡」熊本大学文学部考古学研究室報告第一集、一九九四）と考えられている。年代的に一五世紀後半〜一八世紀にかけての三五〇年位の長期にわたるものが出土している。

この出土陶磁器をみると、一五世紀後半は中国の青磁碗皿と白磁小皿であったのが、一六世紀前半から中葉には景徳鎮の染付皿と白磁皿が主となる。一六世紀後半にはより粗製の景徳鎮系の染付碗皿と新たに染付生産地として台頭した福建《ふっけん》南部漳州窯《しょうしゅうよう》の粗製の染付碗皿がある。この漳州窯のことは河盛家所蔵の『世界地図屏風』に「皿茶碗手之悪物出」

とあり、最高の磁器・景徳鎮製品を出した南京の説明には「染付皿茶碗」を出すとある。これによっても景徳鎮の皿・碗に比べて「悪物」との認識があったことがわかる。諏訪之瀬島の陶磁器が景徳鎮の染付から一六世紀後半になると漳州窯の質の悪い染付に代わるのである。ただし、一七世紀の初め一六一〇～三〇年代の景徳鎮の染付皿が二点含まれていたから、景徳鎮の高級染付がまったく入らなくなっていたわけではない。しかし、これを最後に染付磁器は肥前磁器に代わっていく。数量は多くなるが、輸入磁器は一六三〇年代頃のものまでで消える。その理由はあとで述べる。

ポルトガルのアジア進出

一四九八年、バスコ・ダ・ガマがインド航路を開拓し、一五一〇年にインドのゴアを占領してアジア貿易の根拠地とするとともに、翌一一年にはアジアの東西交易の要衝《ようしょう》であったマレー半島のマラッカをも占領した。一五一七年、中国に達し、公式貿易が認められなかったため、中国の密貿易商人との交易を始める。ポルトガルは中国磁器を貿易商品としても扱い始めたとみられる。現在ポルトガルが景徳鎮に細かく注文して作らせたと考えられる磁器でもっとも古いとみられるのは、ポルトガル国王マヌエル一世（在位一四九五～一五二一）の紋章、渾天儀《こんてんぎ》が染付で描かれた水注《みずさし》である。「至上の神の御許へ」という意の“IN DEO SPERO”が記される。高台《こうだい》内には「宣徳年製」銘が記されているが、明らかに古い年号銘を写したものと考えられ、こうした古い官窯が用いた年号銘を写したりするのは民窯《みんよう》の仕事であるので、明らかに景徳鎮民窯に注文したものであることがわかる。事例が多くなるのは、一五四一年と考えられる注文磁器である。「ペロ・デ・ファリアの時代、一五四一年に」の意の“EM TEMPO DE RERO［PERO］DE FARIA DE 1541”を記した染付両耳碗がある。ほかにもこの頃とみられるマヌエル一世の紋章やイエズス会の略称ＩＨＳのモノグラムを染付で入れた鉢や皿がある。

一六世紀には、中国磁器の主流は龍泉窯の青磁から景徳鎮窯の染付に移っていたから、ポルトガルも染付を運ぶ。当時のヨーロッパではラスター彩や色絵陶器、イスラムやビザンティンをはじめ、中世後期のヨーロッパに広く普及していた鉛釉《えんゆう》陶器、軟質、有色の素地の上に白化粧土を塗ったキャンバスの上に線彫り文様や緑や茶などの顔料を散らし掛けし、文様を表し鉛釉を掛けて焼いたものと白色不透明な錫釉を掛けた陶器マヨリカが主流であった。

これらは当時のヨーロッパでは上質なもので、一般にはより粗放な鉛釉陶器や無釉で高火度焼成で焼締められた陶器（炻器《せっき》と呼ぶ）が量産され多く使われていた。厚手でぼてっとした焼物であった。食器の高級品は金属器であったと考えられる。

自分たちのヨーロッパにない白く硬い素地であり、叩くと金属音に近い音がする薄い磁器は、銅や銀器などと違って白地に青い文様が自在に表されたもので魅力あふれるものであったろう。こうしてポルトガルが中国磁器を商品として運び始めたとはいえ、まだ量的にはわずかであったと考えられる。主にポルトガルなどに流通したにすぎないのだろう。それはヨーロッパでの中国磁器の伝世品《でんせいひん》や、オランダでの出土品もこの時期に遡るものは本当にわずかである。オランダで出土量が目立ち始めるのは一五九〇年代頃以降の染付からであり、日本で芙蓉手と呼び、欧米でカラックウェアと呼ばれる染付である。

陶磁器需要の拡大と唐津焼の誕生

戦国時代に流通経済が活発化し、人々の生活が豊かになるなかで陶磁器需要も増大する。一六世紀後半、そうしたエネルギーを基盤に信長・秀吉によって天下が統一される。この信長・秀吉の軍事力を支えた資金調達に堺《さかい》商人が大きな役割を果したことはよく知られるところである。堺商人は千宗易《せんのそうえき》（利休《りきゅう》）に代表されるように茶の湯を盛んに行い、とくに秀吉はじめ麾下《きか》の武将にも「利休七哲」と呼ばれる利休に学んだ茶人がいた。蒲生氏郷《がもううじさと》、高山右近《たかやまうこん》、細川《ほそかわ》忠興《ただおき》、芝山監物《しばやまけんもつ》、瀬田掃部《せたかもん》、牧村兵部《まきむらひょうぶ》、古田織部《ふるたおりべ》である。茶の湯が盛んになり、茶の湯で使う特別の陶磁器への需要も増大した。

ルソン（呂宋）壺《つぼ》として知られる茶壺もその一つである。茶人たちが茶道具としての陶器を求めて名器の入手に血眼になった。一五九七年（慶長二）六月、北イタリア・フロレンス出身で商人のフランチェスコ・カールレッチがマニラから帰る日本船に便乗して長崎に入港した。「われわれが上陸する前日の朝、当地の奉行の命によって役人どもがやってきて、全船員・全客商・全乗客を検査し、通常フィリッピン島およびその近海の島々から積んでくる、ある種の土製の容器を探した。この容器は日本の国王の命によって、かれがそれを全部買い取ることを欲しているがゆえに、持っているならばそれを申告することを、死刑の罰をもって要求されているものである。以上のことはだれも信じないかもしれないが、しかしまったく事実なのである。そしてわたくしとしても、当地到着のさいそれを実見したのでなかったら、閣下にたいして、このような話をいたすことをあえてしなかったであろう。さらに、通常の価ならば一ジュリオもしないようなこれらの壺が、一個五、六千スクード、いな、一万スクードもするということはとうてい申し上げなかったであろう。……これらの役人たちによって前述の壺の捜索がすむと、ただちに上陸許可があたえられた」（岩生成一『日本の歴史14　鎖国』一九七四）という。ここに記されるようにフィリピンの住民の間で日常用いられている素朴な陶器であるが、それが茶の湯の茶壺として高い評価を得た結果、現地では安価な陶器が日本に運ばれると五、六十貫目から一〇〇貫目（一貫は今の約一〇万円）という驚くほどの高値で取引された。

秀吉は人を長崎に派遣し、この壺の買い占めをさせたり、さらにはマニラにまで購入のために人をやるなど時の権力者として貪欲《どんよく》に集めた。『太閤記』文禄三年（一五九四）七月に、堺の商人納屋助左衛門がルソンから帰国し秀吉に帰国の挨拶として品々を献上した際、持ち帰った壺五〇個を上覧に供した、と記す。

中国南部で作られ、茶などを入れる保存容器であったふつうの日常必需品の陶器壺が、日本の茶の湯で高く評価されたために特別高価なものになったのであり、外国人にとっては理解しがたいことであった。

また井戸茶碗《いどぢゃわん》など朝鮮の茶碗にたいする評価が高まり、秀吉の朝鮮出兵が〝焼物戦争〟とも呼ばれる結果を生む。つまり、朝鮮に出兵した鍋島《なべしま》、島津《しまづ》など多くの九州・山口地方の大名によって朝鮮から陶工が連れ帰られた。まさに朝鮮からの陶工を連行してまで新たな陶磁器生産を興そうとする機運が醸成されていた時期なのである。

慶長から朱印船貿易活発化

秀吉は国内統一の次には海外に野望を移す。天正一八年（一五九〇）二月に琉球（沖縄）、天正一九年九月にフィリピンに、文禄二年（一五九三）一一月に高山国（台湾）に対して服従と入貢を求める書簡を送った（朝尾直弘『大系日本の歴史・天下一統』一九九三）。これら琉球・台湾・フィリピンは日本から南方への通商ルートにあり、秀吉が朝鮮から中国・明への侵略を計画する一方で、南への通商ルートを支配下におこうと企てたに違いない。

この南方への日本船の進出を秀吉が促し、一五九二年、長崎・京都・堺の商人に朱印状《しゆいんじよう》を与えたのも、一つには日本では産出量の少なかった鉛や硝石《しようせき》を入手するためであった。鉛は鉄砲の弾丸の材料として必要であり、硝石は焔硝《えんしよう》、消石ともいわれるが、鉄砲の弾丸発射に必要な火薬の原料の重要なものであった。火薬は硝石、硫黄、木炭などを混合して作る。鉛は中国が主産地であったが、朝鮮出兵はその先に明侵攻が計画されていたから、明からの輸入ができなくなるのは当然であった。そこでその代わりに鉛、硝石をカンボジアやシャムから輸入しようとしたのである。このことを一五九四年三月に中国人のスパイの一人許予《きよよ》が明政府に報告したなかで、「鉛や焔硝などの商品を日本人に手渡す方法は一つだけではない。広東やマカオのポルトガル人が運送・販売するばあいがもっとも多い。

つぎにまた、福建の（中略）不良商人は、あらかじめひそかに船に積み込んでおいて、機をうかがって日本におもむき、貿易する。これらはよろしく法を厳しくして禁止せねばならぬ。しかしカンボジア国には鉛や硝石を多く産出し、シャム国にもまたこれを産する。日本人は、毎年商船をだしてコウチャやルソン地方に渡航し、これらの商品を買い付けて運び帰るが、いずれもシナの領土外のできごとで、法令によって取り締まることが不可能である」（岩生成一『日本の歴史14鎖国』一九七四）と記され、また関白豊臣秀次《ひでつぐ》の執事《しつじ》、駒《こま》井重勝《いしげかつ》の日記には同年同月二三日に「鉛と焔硝を御調達いたすため、長崎に銀子を送られるについては、御蔵米《おくらまい》を石見《いわみ》に送致したから、同所でさっそく銀子を御調達に相成るように御尽力ください」（『駒井日記』）とあり、長崎に鉛と焔硝を買い付けのため、管下の石見銀山から資金の銀を送らせたのである。

硝石はカリウムの硝酸塩鉱物であり、無色または灰色で透明なガラス光沢をもち、水に溶け塩味がある。爆発性があり、水中に入れると溶けて消えてしまうので消石ともいうから、保存には水分が入らないような容器に入れて輸送する必要があったのであろう。そうした容器として考えられるのはこの頃から日本にも現れる壺で、水分を通さないような陶磁器である。一つはタイの焼締《やきし》め耳付き壺である。厚い器壁であり、水分を通さない容器という役割を十分に果たせるもので、おもに一六世紀末に現れ、長崎、堺や九州など各地の遺跡で出土している。東南アジアとの主要な貿易港であった堺では六地点で一三個体が発見されている（續伸一郎「堺環濠都市遺跡出土のタイ製四耳壺」貿易陶磁研究九号、一九八九）。出土場所の年代が明らかなものでもっとも古いのは一六世紀末とみられる生活面に埋めて用いられていた。うち二点の壺の中には硫黄が入っており、木製板で蓋をしていた。硫黄は火薬の原料として使用されたものと考えられている。壺の外面上部に化粧掛けを施したものと化粧掛けが認められないものがある。

この焼締め壺を焼いた窯《かま》は森村健一氏が紹介したように、タイの現シンブリ県地域にあった。堺で埋めて使われていたものは硫黄が入れられていたが、これはタイから輸入されて後に空になった容器を転用して火薬の材料の一つの硫黄を入れたものであろう。本来、タイから日本に運ばれてくる際には日本が求めた火薬原料の硝石を入れてきたものと推測される。

もう一つは中国福建地方で作られたと考えられる安平壺《アンピンつぼ》と呼ばれる白磁長胴瓶である。台湾の鄭成功《ていせいこう》にまつわる安平城で多く見られたことから、俗に安平壺と呼ばれる。白磁で内外に施釉《せゆう》されているから吸水性はないので、条件を満たしており、一六〇〇年フィリピン沖沈没のサン・ディエゴ号引揚げ品にあり、大西洋セントヘレナ島沖で一六一三年沈没のヴィテ・レーウ号引揚げ品、南シナ海で一六四〇年代沈没と推測されるハッチャージャンク引揚げ品、同じく一六九〇年代沈没と推測されるブンタウカーゴ引揚げ品など、一七世紀にみられるからである。日本では長崎でもっとも多くみられるが、平戸などで出土している。

この二種の陶磁器が秀吉時代頃以降の遺跡でみられ、また、一七世紀にかけて主に生産されたらしいので、火薬の原料、硝石などの輸送用に多く作られたと推測され、遺跡の出土例などが、歴史を裏付けるのである。

図10　白磁壺　中国(佐賀県立九州陶磁文化館山口夫妻コレクション蔵)

新しい国際貿易都市の勃興

秀吉時代(政権在位一五八五～九八)から堺や京などの新興商人たちは新たな市場を「富める南蛮」すなわち東南アジアに求めて次々に船を送り出した。秀吉の南蛮貿易政策は軍事力を背景とした強圧的なものであったが、代わった徳川幕府は南方諸国に了解を取ったうえで日本からの貿易船に海外渡航許可の朱印状《しゅいんじょう》を発給して平和的な貿易を振興することに努めた。この朱印状をもった商船を朱印船といい、朱印船貿易時代に新たに国際貿易都市として現れた海外の港市がある。その代表はベトナム中部のホイアンである。

ホイアンは、現在は小さな観光の町であるが、町並み保存事業にともなう発掘調査で多くの陶磁器が出土し、それが一五九〇年代頃を上限とするものばかりなのである。中国・景徳鎮の染付と福建・漳州窯の染付が主であり、朝鮮・明に戦争を仕掛けた秀吉に対して、中国商人たちは南のホイアンなどで貿易することになる。

一六世紀のベトナムは黎朝《れいちょう》時代であったが、帝位を簒奪《さんだつ》した莫《ばく》氏に対抗して阮《グエン》氏が順化《フエ》を拠点として中部に勢力を拡げた。ホイアンがある広南地方も支配するようになった阮氏の下で国際貿易都市としてホイアンが開かれた。一六〇四年から三五年の間の朱印船貿易時代には、ホイアンに日本人町ができ栄えた。日本人や中国人などがそれぞれ居住区をもち、一躍国際貿易都市として一七世紀のなかで繁栄する。

この日本の活発な交易活動に圧迫されて、マカオやマニラで中継貿易を行っていたポルトガルやスペインは力を失った。その頃オランダがスペインから独立し、一六〇二年にオランダ東インド会社を設立、急速にアジア市場に進出してきた。一方イギリスも、一六〇〇年に東インド会社を設立した。そして慶長一四年（一六〇九）には長崎の平戸に商館を開設し、一六一三年には日本との交易を開始した。しかしオランダは一六一九年にイギリスに競り勝ってインドネシアのジャカルタに東インド会社の本部を設置し、一六二一年地名をバタヴィアと改め、元和九年（一六二三）にはイギリスを日本からも撤退させ、東アジア市場における貿易の優位を確立した。

オランダ東インド会社は当初から磁器に強い関心を持ち、中国磁器の貿易を盛んに行った。寛永元年（一六二四）台湾にオランダ東インド会社の商館を置き、ここを拠点に中国磁器を買い付け、バタヴィアを経由して各地へ輸送した。

日本の輸出磁器が誕生

国産磁器の誕生

茶の湯の盛行と陶磁器の輸入

江戸時代に入ると家康の近隣友好政策のもと、中国商人らも再び平戸や長崎に多く来航するようになり、貿易は活発化した。鍋島勝茂《なべしまかつしげ》が関ヶ原の戦いに反徳川方について敗れ、家康との関係修復に苦慮するほか、長崎の深堀で来航する中国船から献上・贈遺品を購入したり、中国船に注文することなどを国許《くにもと》の家老に命じている。こうした中国に注文して日本の茶人好みの磁器を作らせた代表例が、古染付《こそめつけ》・祥瑞《しょんずい》である。日本からの注文磁器としては前述した「天文年造」銘などの花形の皿があったが、秀吉時代に明との戦時下では当然みられず、再び平和を取り戻した一六一〇年代頃から明が滅びる一六四四年頃までに、日本からの注文で独特の意

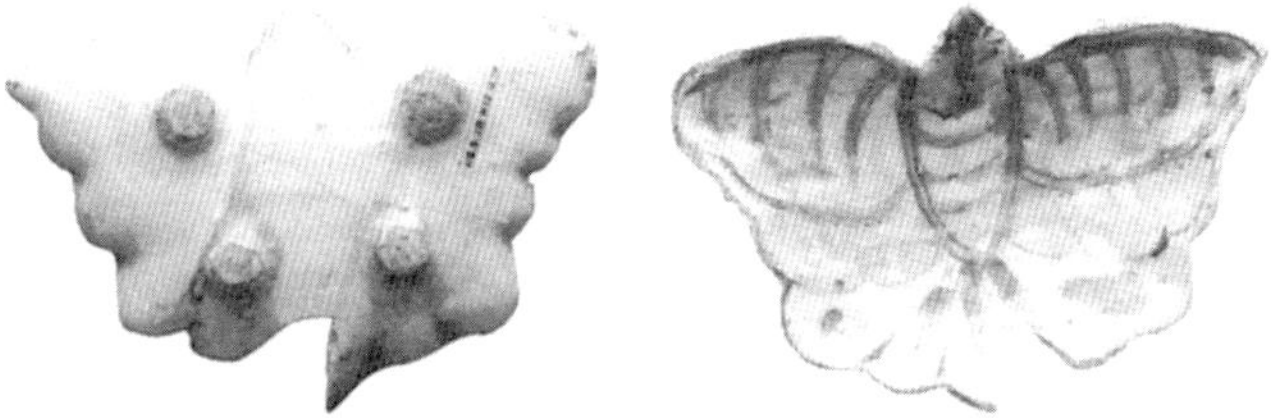

図11　染付蝶形皿　景徳鎮窯，佐渡奉行所跡出土（相川町教育委員会蔵）

匠の磁器が作られたのである。

　古染付のうち織部好《おりべごの》みの足付の鉢皿は、茶の湯の世界では向付《むこうづけ》とされる器であり、さまざまな形があり、厚手に作られた（図11）。当時ヨーロッパ向けの中心であった芙蓉手《ふようで》の皿鉢類（図12）とはまったく異質な意匠の器であったが、まさに日本の茶の世界が背景となって生まれた自由奔放《ほんぽう》な器であった。こうした古染付は茶道具であったから大切に扱われたため、出土例は多くないが、長崎や江戸などで出土しているほか、新潟県佐渡奉行所跡、鹿児島県大龍遺跡などで出土している。もちろん日本向けであるから海外の遺跡では出土していないし、当時ヨーロッパに多く渡った中国磁器のなかにも含まれていない。ところがヨーロッパ人が古染付という場合、もっと広義のタイプをいい、天啓《てんけい》（一六二一〜二七）銘の入ったものなどと、天啓時代の意匠的に日本好みと思われるような皿類を含む。しかし明らかに日本からの特別注文

図12　染付芙蓉手蓮池水禽文大皿　景徳鎮窯（佐賀県立九州陶磁文化館蔵）

といえるものは、前述のように足付や厚手の向付や水指《みずさし》などであり、両者は区別する必要がある。

　こうした古染付が注文された背景には、古田《ふるた》織部《おりべ》が指導した茶の湯での需要の残映があった。元和元年（一六一五）大坂夏の陣の後、豊臣方と通じた嫌疑で古田織部が切腹、翌年、家康も死去するが、大御所となった秀忠《ひでただ》と新将軍家光《いえみつ》が幕府安定に向けて茶事を活発に行った。小堀《こぼり》遠州《えんしゅう》が織部に代わって茶の湯の指導的役割を果たすようになるにつれ、「きれい寂《さび》」といわれるように茶陶にも利休、織部時代とは違った洗練された陶器が取り上げられ、磁器の茶道具も幅を利かせるようになる。家光時代に将軍家茶道指南となった小堀遠江守《とおとうみのかみ》政一《まさかず》は京都の伏見奉行であったが、江戸城の茶室・庭園造営にも指導的役割を果たす。秀忠が死去すると、家光の御成《おなり》や茶事《ちゃじ》は酒井忠勝を筆頭とした幕府重臣との交流に移っていき、秀忠時代の大名との交際の場から変質していくのである。小堀遠州もまた幕閣であり、家光時代の茶の湯の特質を示している。

この遠州時代に中国への磁器注文も、より襟《えり》を正したような祥瑞に変わる。なお通常の景徳鎮磁器よりも厚手ではあったが、濃密に文様を描き込み、重厚感のある染付や色絵が作られた。やはり祥瑞と呼ばれるものにも広義の祥瑞とより典型的な狭義のものがある。五良太甫呉《ごろうたいほご》祥瑞造などの銘を施したものが狭義の例である。

佐賀初代藩主鍋島勝茂伝来の色絵祥瑞（図13）は高台《こうだい》内に「大明嘉靖年製　福」銘を赤の長方形枠で囲んだものであるが、こうしたものは文様的に祥瑞のグループといえるにしても成形などは異なり、狭義の祥瑞ではない。しかしこれが崇禎《すうてい》（一六二八〜四四）頃の景徳鎮産であることは疑いなく、当時日本人が求める最上手の景徳鎮色絵磁器であった。典型的な祥瑞銘を持つものは東京大学構内遺跡すなわち加賀藩江戸屋敷跡などで出土しているが例は少ない。製作数が少ないうえに大事にされて伝世しやすいのであろうか。

広義の祥瑞は長崎などでも出土例があるが、それでも多くはない。ましてや鍋島勝茂伝来品のような色絵祥瑞大皿となると出土例をみない。勝茂伝来品は、この色絵祥瑞大皿とそれを手本にした有田の初期色絵大皿（図14）の二点一組であった。箱には「南京焼鉢」とあり、当時景徳鎮磁器の呼称「南京焼」と記されている。勝茂がしだいに質の良い

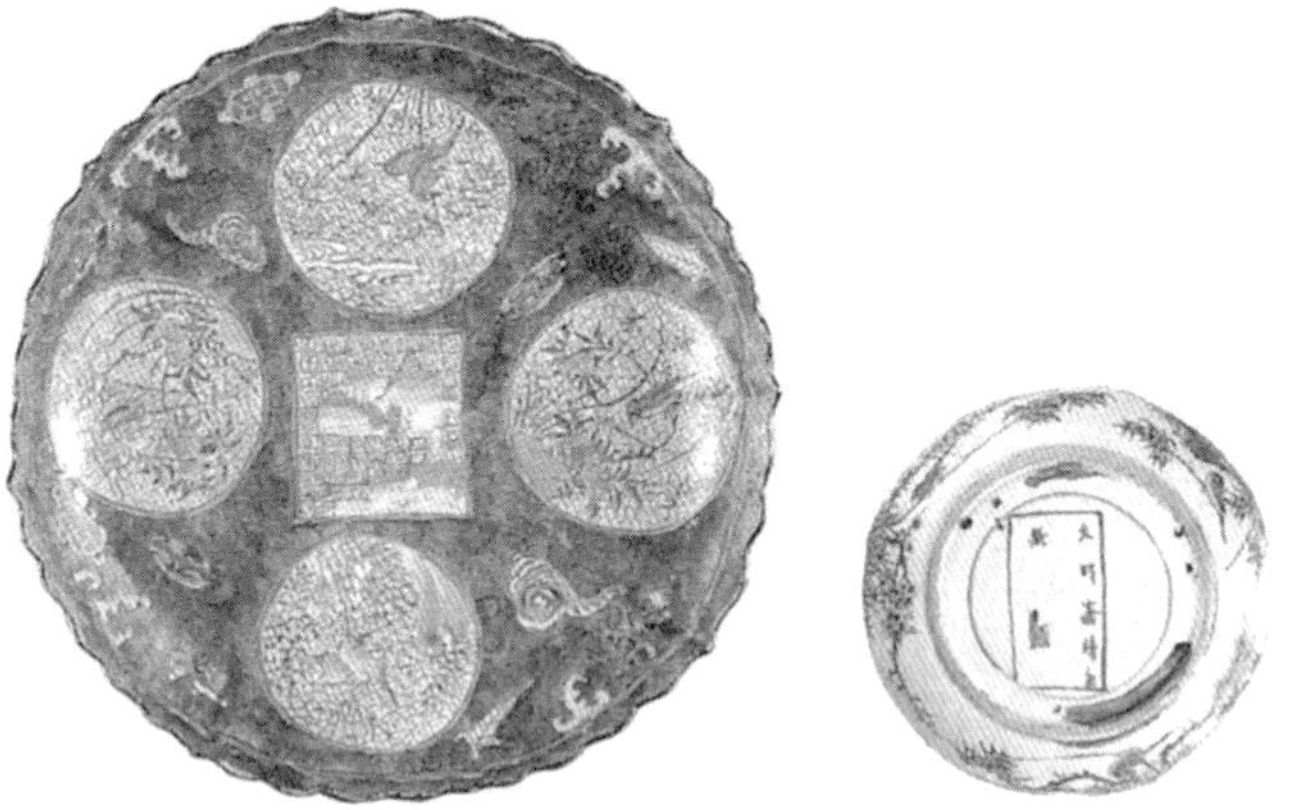

図13　色絵山水花鳥文大皿　景徳鎮窯（鍋島報效会蔵）

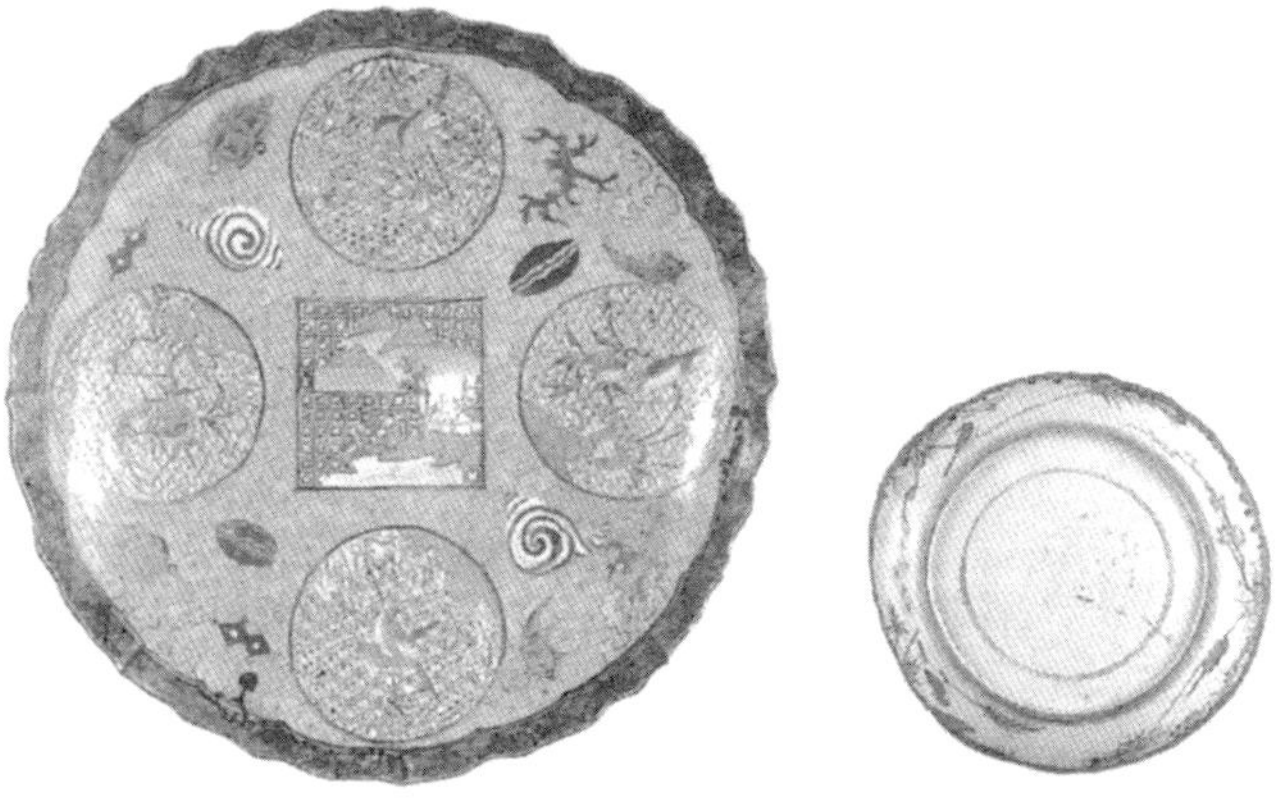

図14　色絵山水花鳥文大皿　肥前・有田窯（鍋島報效会蔵）

磁器を作るようになっていた自領内の有田窯に対して、最初に手本として、試しに作らせてみたのが、この色絵祥瑞大皿であったとしたら、勝茂の意図するところを想像してみると、将軍家献上用にふさわしい磁器が自国産磁器でできるかどうかにあったのかもしれない。

肥前で国産磁器の誕生

ここで日本最初の国産磁器となった肥前磁器生産の始まりについてみておく必要がある。肥前の陶磁器は陶器の唐津焼《からつやき》と磁器の伊万里焼《いまりやき》に大別される。肥前陶器は秀吉の朝鮮出兵前に、松浦党から大名にのし上がっていた北松浦地方の波多《はた》氏の保護のもと、その居城の岸岳《きしだけ》城下（佐賀県北波多村）で始まった。年代は諸説あったが、一五八〇年代頃と推測している。朝鮮の複数の技術者集団が来たことは、轆轤《ろくろ》成形《せいけい》と叩き成形という異なる技術の窯《かま》が、皿屋窯と隣接する皿屋上窯《さらやうえがま》で同時期に存在したと推測できることなどからいえる。そうした実績が秀吉の朝鮮出兵の際に九州の諸大名が多くの朝鮮陶工を連行し、各地で窯を開かせる引き金になったのかもしれない。

古代の須恵器《すえき》の技術が朝鮮半島から渡来の技術者によってもたらされて以来、日本の陶磁器生産に海外から直接技術者がやってきた例はみられなかった。中世の陶磁器の歴史では先進国中国の陶磁器の影響を強く受けたとはいえ、それは招来された製品を手本に形や装飾などを写したに過ぎない。製作の基本技術は日本のなかで少しずつ変化しただけであった。

ところが一五八〇年代頃の肥前陶器の誕生は、朝鮮の技術者が明らかに多く渡来したのであり、日本の陶磁器製作技術に大きな変革をもたらした。これも当時の日本の陶磁器需要がそれだけ高まっていたためかもしれない。

この岸岳城周辺の陶器窯は、城主波多三河守《みかわのかみ》親《ちかし》が秀吉の怒りにふれ取り潰されると、陶工は離散した。その後の肥前陶器生産の中心は現在の佐賀県伊万里市、武雄市など南の方に拡散した。

他方、文禄・慶長の役で新たに朝鮮から連行された陶工たちは、陶器生産にも変革をもたらしたが、重要なのは新たに磁器の技術を伝えたことである。磁器は陶器と違って原料が重要な必須要件であり、肥前では白い陶石が原料であった。ちなみに陶器は自然に堆積した粘土が原料であるから、肥前では陶器は「土物《つちもの》」というのであり、磁器は「石物《いしもの》」ともいう。江戸後期の「金ヶ江文書」をみても、先祖の三平が連れてこられたあと、領内を探し歩いて、ようやく有田に入り、そして泉山《いずみやま》の石場を発見したと記す。

鍋島軍が朝鮮から帰国したのは慶長三年（一五九八）であるから、そのときに金ヶ江《かねがえ》三《さん》兵衛《べえ》らの朝鮮陶工が連れてこられたとして、金ヶ江三兵衛が有田に入ったのは一六一六年と記録から読みとれるから、その間に一八年も経ていた。もちろんこの間の金ヶ江三兵衛の足跡として佐賀県多久市唐人古場窯《とうじんこばがま》や伊万里市藤の川内あたりの窯がある。金ヶ江三兵衛は一つの陶工集団の頭と考えられる。「山本神右衛門重澄年譜」によれば、鍋島軍が帰国の時、日本の宝となるからということで、焼物上手の頭六、七人を連れ帰り、金立山に置いて焼物を焼かせていたが、その後、藩主の意をもって、伊万里の藤の川内山に移り焼物を焼いた。この朝鮮陶工の子孫が多くなり、焼物を作るのを日本人が見習い、作るようになり、伊万里・有田地方に窯が多くなった、という。有田にはいくつかの陶工集団が入ったと推測されている。いずれにせよ有田町西部から西有田町地域の古くから開けていた地域にはすでに陶器の窯が慶長頃に盛んに操業していた。新たに朝鮮から来た金ヶ江三兵衛も、こうした先行して操業していた陶器窯に加わって磁器の試焼を始めたと考えられ、有田でも西部地域で日本で最初の磁器焼成は始まった。そのうちにそれまで人も住まなかった谷奥の泉山で良質で豊富な埋蔵量の石場が発見され、陶工たちは東部の谷間に次々に磁器窯を築き始めたと考えられる。

このようにして、朝鮮の陶工の技術によって始まった国産磁器であったが、なお中国景徳鎮産の磁器輸入が続く限りは、わが国の人々は中国景徳鎮磁器を「南京焼」と呼んで珍重していた。国産の肥前磁器は厚手でシャープさに欠けていた。朝鮮の技術は一五世紀頃に中国から直接か間接かはわからないが、影響を強く受けたとはいえ、一六世紀になると染付も消え白磁中心に成形も随分違ったものになっていた。厚手で高台の削りなども中国磁器とはかなり違う。量産する白磁皿などは中国では行わない目積《めづ》みという方法で重ね焼きし、一度に沢山焼いてコストを下げた磁器を作った。

肥前磁器は中国景徳鎮磁器よりも厚手で粗い作りであったから、国産磁器として誕生しても、中国磁器の供給量を補う形で流通し始めた。すでに広く流通していた肥前陶器の唐津焼の流通ルートにのったものと思われ、早くに西日本だけでなく新潟県佐渡や山形など に渡ったことが遺跡出土品で知られる。一六三〇年代になると泉山磁石場が発見され、磁器原料の安定供給が可能になり、磁器生産が活発化したものと考えられる。その頃、磁器の量産の見通しがついたところで鍋島藩は一六三七年、伊万里・有田地方の窯場《かまば》の整理・統合を断行する。

この窯業生産に鍋島藩が初めて介入した大事件は、伊万里・有田地方の陶磁器生産が盛んになるなかで、窯を焚くときの燃料である薪《まき》を採るため、陶業者が山を切り荒らすことを理由に、日本人陶工八二六人を陶磁器生産から追放したのである。そのうえで、伊万里の窯場四ヵ所すべてと、有田の窯場のうち七ヵ所をつぶして、有田の一三の窯場に統合した。一三の窯場は有田の黒牟田《くろむた》・岩谷川内《いわやがわち》皿屋より上、年木山《としきやま》までと、上白川《かみしらかわ》までの範囲、つまり有田東部の泉山石場を基点とする谷間であり、後には内山《うちやま》と呼んで有田磁器生産の中心となった地域である。逆に取り潰された七ヵ所の窯場は唐津陶器を併せて焼いていた窯であり、草創期のいわば磁器開発期の窯であった。この結果、有田周辺から唐津陶器は消え、磁器だけの生産体制がこのとき確立したといえる。

その後も鍋島藩は介入を強め、正保四年（一六四七）山本神右衛門重澄が有田皿屋代官に任ぜられ、彼の手腕によって、一六四一年から四八年の八年間で有田皿屋からの税収（運上銀《うんじょうぎん》）がおよそ三五倍に急増した。鍋島藩にとって米以外ではもっとも大きな財源になったわけであるが、この驚くべき増税を実現した裏には重要な要因があった。節をあらためて述べよう。

磁器輸入国から輸出国へ

内乱による中国磁器の輸出激減

一六四四年、中国の明王朝が北からの清王朝に取って代わられ、明の遺臣たちが南部へと逃れながら明朝再興を旗印にして抵抗を続けたため、南部は内乱状態となった。中国南部には世界最大の磁器生産地江《こう》西《せい》省の景徳鎮窯《けいとくちんよう》と福建《ふっけん》省の漳州窯《しょうしゅうよう》があった。正保三年（一六四六）には景徳鎮窯のある江西省饒州《じょうしゅう》府も清軍によって攻略されているから、これらの地も戦乱に巻き込まれ荒廃するのであり、中国磁器生産にとって大きな打撃となったことはいうまでもない。そのため、中国磁器は海外にもほとんど輸出されなくなる。明再興を願う反清勢力の海商らが東シナ海での貿易活動を続け日本にもそうした福建・広東発の中国船がはいってきたが、南《ナン》京焼《キンやき》の景徳鎮磁器はほとんど輸入されなくなると推測される。この中国磁器輸入激減のチャンスに、肥前磁器が一気に生産量を増やし、国内磁器市場を席巻したのである。おそらく一六四四年には時をおかずそのような状況が生まれたとみられる。鍋島藩は幕命で長崎警備を担っていたから、そうした中国情勢をいち早くキャッチできる立場にいた。山本神右衛門の有田皿山《ありたさらやま》への対応や課税もそうした中国情勢を踏まえたうえでのことであったろう。表向きはそうした中国情勢のことはいわずに、である。

図15　染付楼閣山水文大皿
（佐賀県立九州陶磁文化館蔵）

一六四四年以降、中国磁器の輸入が激減してはじめて肥前磁器中心となり、ここでわが国は磁器の輸入国を脱することになる。この中国の内乱は肥前磁器という国産磁器で日本の磁器市場が埋められたということだけではなかった。重要なもう一つは、中国の技術流出であった。戦乱で疲弊《ひへい》した景徳鎮の技術者が海外流出したと推測できる。肥前側の記録では「酒井田柿右衛門家文書《さかいだかきえもんけもんじょ》」・赤《あか》絵《え》始まりの「覚え」に、伊万里《いまり》の陶器商人東嶋徳左衛門が長崎にいた中国人に金を払って赤絵の技術を伝授してもらい、それを有田にいた喜三右衛門（初代柿右衛門）にやらせてみた。なかなか上手くいかなかったが、呉須権兵衛の協力を得て、ようやく成功したものを、一六四七年六月、長崎に持参してはじめて売ったのが加賀の前田家の御買物師であった、とある。

長崎で中国人から技術伝授を受けたのがいつかは記されていないことから、過去には諸説あった。日本初の赤絵ということでことさらに時間がかかったとみて一六四〇年頃という書もあった。しかし、技術流出は赤絵だけでなく、糸切り細工と呼ぶ成形技法、墨弾《すみはじ》きと呼ぶ装飾法、青磁の窯詰《かまづ》め法、ハリ支えという窯詰め法などの製品自体に現れる革新のほか、窯業技術のもっとも基本的部分の一つである窯詰めの道具までがそれまでの朝鮮的技術から一六五〇年代までのなかで一気に中国的技術に変わっていくのである。こうした現象は中国の技術者が肥前に来て直接指導したとしか考えられないものであり、一六四四年以降の内乱期間中でしかそうした技術流出は考えられない。いいかえれば一六四四年以降の内乱だからこそ中国陶業者の技術流出があり、肥前の技術が中国的に大革新を遂げたのである。

第三には、一六四七年に早くも肥前磁器の海外輸出が始まったことである。中国磁器の輸出が激減して困ったのは日本ばかりではない。それまで中国磁器を買っていたのは東南アジアから西アジア、ヨーロッパと広汎な地域に及ぶ。オランダは台湾商館に中国磁器の在庫を保有していたようであり、それを取り崩して中国磁器の輸出再開を待っていたらしい。しかし、東南アジア市場はすぐ困ったわけで、明の遺臣鄭《てい》氏一派の中国船が一六四七年、シャム経由でカンボジアに肥前磁器を運んだのが初見である。実際、ベトナム、タイ、インドネシアなどの遺跡で一六四〇年代に遡《さかのぼ》る肥前磁器が出土している。

このように一六四四年、中国の王朝交替にともなう内乱は、肥前磁器の生産発展に大きな好機をもたらした。

日本が一六三九年鎖国に入ったことにより、朱印船による陶磁貿易は終わった。日本船による貿易はなくなり、中国船とオランダ船が東アジアの陶磁貿易の主導権を握る。一六四四年以降中国の輸出が激減して、肥前磁器が代わって貿易磁器の主となってからも、運ぶのは江戸幕府が長崎での交易を許した中国船と、五〇年代以降のオランダ船である。このことは、「柿右衛門家文書」赤絵始まりの「覚え」に、できあがった赤絵製品を、正保四年（一六四七）の六月初めに長崎に持参し、加賀藩前田家の御買物師に売り、その後も中国人やオランダへ売ったとある。一八世紀の記録にも、有田の『皿山代官旧記覚書』に「唐・阿蘭陀《オランダ》向け陶器商人」として輸出磁器を取り扱う商人が定められており、輸出相手が、唐（中国）とオランダの商人であることが、地元でもはっきり認識されていたことがわかる。

明の遺臣鄭氏一派の中国船が、一六四七年、シャム経由カンボジア行きの船で肥前磁器を運び始めた。以後もインドシナ半島など東南アジア方面に肥前陶磁器を運んだとみられる。鄭氏は一六五〇年代に鄭成功《ていせいこう》の活躍で福建・広東の沿海一帯で勢力を持ち、揚子江河口の舟山《しゅうざん》列島に進出し、万治二年（一六五九）南京を攻めるなど清軍を脅かしたが、南京攻略に失敗して廈門《アモイ》に逃げ帰った。貿易を重要な経済基盤とする鄭氏はしだいにオランダと衝突することになる。オランダは台湾に中国貿易の拠点として台湾商館を置いていた。そして、清軍によって中国大陸から締め出されつつあった鄭成功はついに寛文元年（一六六一）台湾を攻め、オランダのプロビンシア城（赤嵌城）を落とした。オランダは一六六二年二月、ついに最後まで籠城《ろうじょう》していたゼーランジア城を明け渡し台湾を放棄した。こうして鄭成功はゼーランジア城に入り、名を安平城に改め、台湾を根拠地として海上貿易を経済基盤に抗清を続けた。

しかし、一六六二年に鄭成功が死に、清の鄭氏一派に対する経済封鎖のため一六六一年に発布した遷界令《せんかいれい》により海禁令を強化したため、中国本土から長崎に来航する中国の商船はなくなり、鄭成功の勢力下の船のみとなる。鄭氏一派はしだいに勢力を弱めていき、一六八三年ついに降服し、清朝は国内統一を果たす。そして翌年貿易禁止令を解く展海令を発布する。

こうして中国の鎖国令ともいえる貿易禁止令が解除されると、内乱から落ち着きを取り戻し生産力を回復した景徳鎮や福建地方の磁器輸出が本格化する。福建の場合、明末に大窯業地となっていた漳州窯が一七世紀末には衰え、代わって福建の磁器生産の中心はより西北の内陸側の安渓《あんけい》、徳化《とっか》などに移った。この理由は、海岸寄りは長く鄭氏らがこもっていた地域で清軍との戦いがあったため、戦乱を避けたこと、遷界令などもあって内陸に生産地を移す指導があったのかもしれない。

肥前磁器の東南アジア輸出

一六四七年、長崎からシャム（タイ）経由でカンボジアに行く一隻の中国船に「粗製の磁器一七四俵」を積んでいたというオランダの記録のように、インドシナ半島へ輸出を始めたが、この四〇年代の輸出草創期にどのような肥前陶磁器が輸出されたのであろうか。

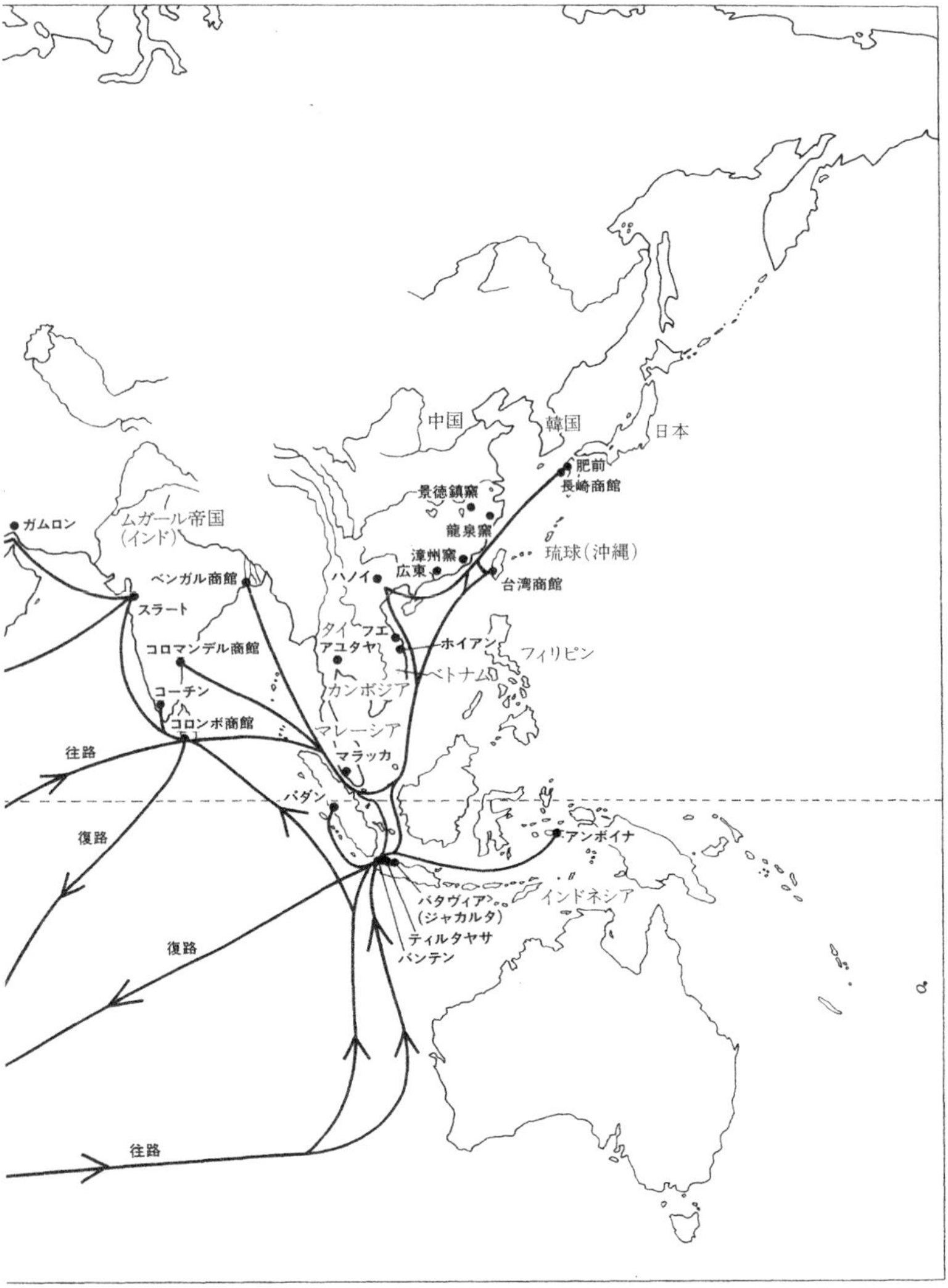

インド会社の海上貿易路と関連地図（現在国名など）

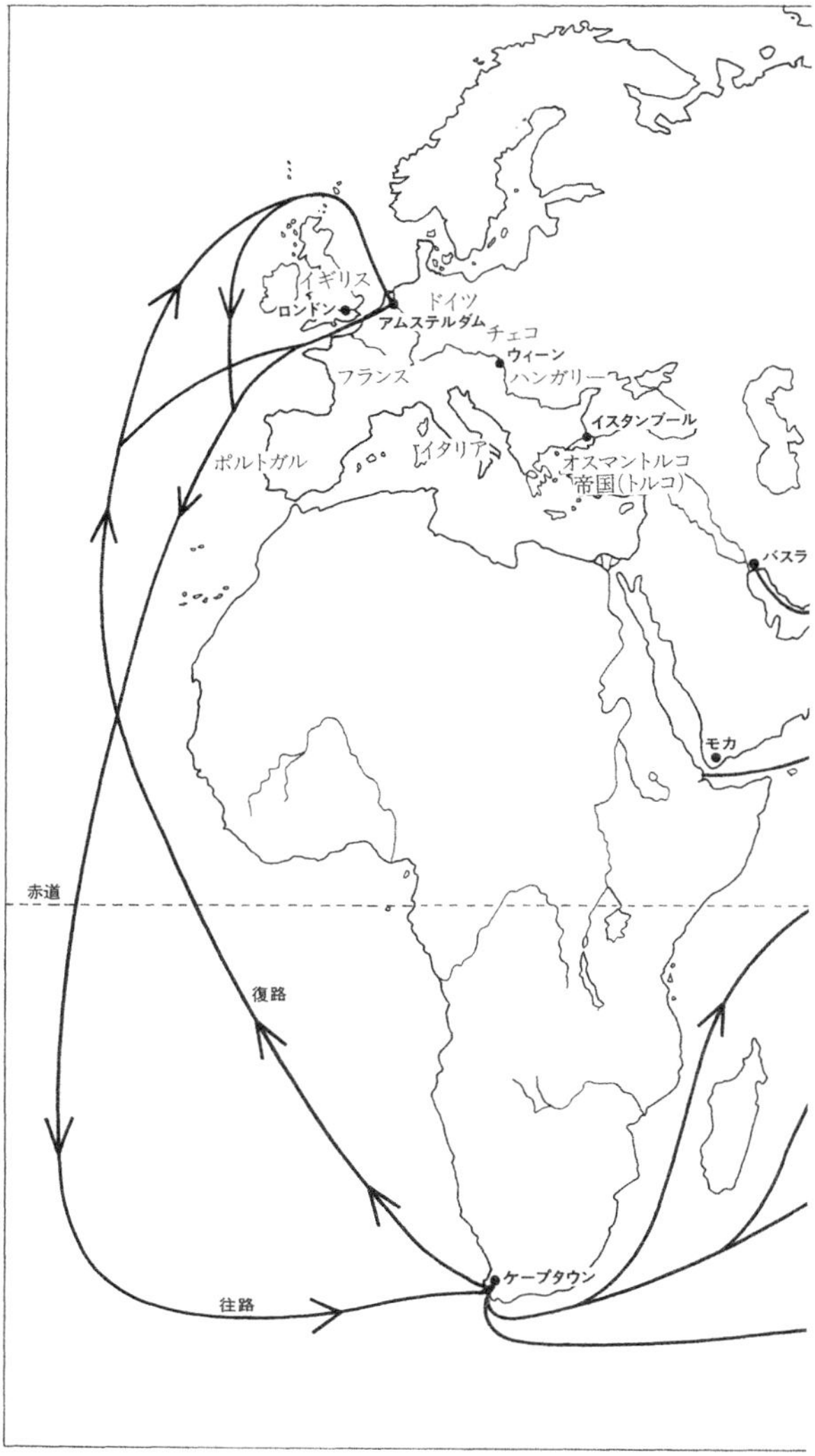

図16　17～18世紀におけるオランダ東

明白な一つは、ベトナムのホイアンで出土した染付草花文瓶《そめつけそうかもんびん》である。これは佐賀県有田町天狗谷A窯で同類品が出土しているように天狗谷A窯で焼かれたと考えられ、年代は一六三〇～四〇年代である。次は、インドネシア・バンテン王宮遺跡出土の染付菊花形手塩《きっかがたてしお》皿《ざら》である。これは一六三〇～四〇年代操業の佐賀県山内町窯《かま》ノ辻《つじよう》窯で焼かれたと考えられる。バンテンではほかに一六四〇年代に遡《さかのぼ》る染付皿もある。

タイ・アユタヤの王宮跡出土の染付小瓶も窯ノ辻窯あたりの製品と考えられ、一六三〇～四〇年代のものと推測できる。

このように一六四〇年代に輸出し始めた頃の肥前磁器には海外輸出用に作られたといえるものはみられない。いずれも国内市場つまり日本人向けに作られたものであり、そのなかから中国人によって適宜選ばれて輸出されたと考えられる。したがってなお、厚手で粗放な作りの磁器であった。オランダの記録にも「粗放な磁器」とある。

一六五〇年代、オランダ東インド会社はベトナムの現ハノイのトンキン商館向けに肥前磁器を輸出する。ついで承応二年（一六五三）、インドネシアのバタヴィアの薬局用へ二二〇〇俵の肥前磁器をはじめて運ぶ記録がみえる。オランダ東インド会社は肥前にたいする最初の頃の注文が薬局・病院用品であったことについては一考を要する。つまり、本格的にヨーロッパ向けの大量注文をしてくるのは一六五八年であるが、これについては、台湾商館にあった在庫を取り崩しながら中国磁器の輸出再開を待っていたが、輸出再開の見通しがみえないばかりか、一六五六年の海禁令によって貿易を禁止するなど情勢は悪化したこと、肥前磁器の技術水準が景徳鎮磁器並みになったことなどがあげられる。

しかし、一六五八年以前にバタヴィアや台湾の会社の病院・薬局向けの薬剤容器や髭皿《ひげざら》を注文したことが記録にあるのである。バタヴィアは現在のインドネシアの首都ジャカルタであるが、ここは一六一九年にオランダ東インド会社が城砦《じょうさい》の建設を始め、東洋貿易の根拠地として総督も配置された。台湾はオランダ東インド会社にとって日本・中国との貿易の拠点のため、寛永元年（一六二四）に商館を開設しタイワン長官を置いた。しかし明王朝の再興を期して海上で勢力を張った鄭成功と海上貿易活動で衝突し、寛文元年（一六六一）に鄭成功軍に攻められ一六六二年に陥落した。この台湾の病院について『バタヴィア城日誌』をみると、一六三九年に台湾で「膏薬《こうやく》用として理髪師に与えたるカンガン布」とある。この膏薬用と理髪師という字句から、後述するように理髪外科医がいたことが推測される。一六六一年、鄭成功が台湾のオランダのゼーランジア（安平）城を攻めたが、その記録のなかに「病者三百人は病院に在るを発見せり」とあるように、かなりの病床を擁する規模の病院があったことが推測できる。

そういう東洋における貿易の拠点であったから病院も置かれていたのだろう。しかし病院といっても現在のようなものを想像したら間違いである。当時のヨーロッパでも外科医は理髪師を兼ねていたという。かの有名なボーマルシェ（一七三二〜九九）の『セビリャの理髪師』（一七七五年）にも、フィガロが「理髪師で、外科医で、薬剤師なんで」という下りがある。このような外科医は、麻酔（一九世紀半ばから始まる）もない時代であったから体表の治療が精一杯だったようである。一六世紀後半になり、それまで銃創などは熱した焼きごてや熱油で焼くような荒療治しかなかったところに、新たに膏薬が考案されたという。

当時の理髪外科医の仕事場の様子は、写実的な絵画からその一端を知ることができる。一八世紀前半前後の絵を見ると、足の外科治療をしている床に白い陶器のアルバレロ形壺とガラス製と見られる瓶が置かれている。壺の中に塗るためのへらのようなものがのぞいて見えるから膏薬壺であろう。部屋の中にはいくつものアルバレロ形壺があり、一つは明らかに藍絵《あいえ》を施したもの。いずれもオランダのデルフト陶器とみられるものである。布か皮のようなもので口を覆い、口部下のくびれ部を紐でしばっているのがみられる。

こうしたデルフト陶器のアルバレロ形壺を写した壺が、有田の窯跡《かまあと》で出土している。猿川窯と下白川窯であり、一七世紀後半とみられる。猿川窯の染付アルバレロ形壺は作行きからやや古い可能性がある。下白川窯の方はいっしょに出土している磁器などからも、一六六〇〜九〇年代の間とみられ、染付壺とともに大小の白磁アルバレロ形壺が出土している。デルフト陶器は軟質の陶器であったが、肥前磁器の方はより堅牢《けんろう》な磁器であった。インドネシアのバンテン遺跡などでは多数のデルフト陶器アルバレロ形壺が出土しているし、長崎出島などでも出土しているが、こうした医療の必需品は本国からもってくるだけでは足らずに、地元ともいえる肥前に作らせることになったのであろう。膏薬は卵黄と油から作るというから、それ自体はオランダ本国から運ばず、バタヴィアの薬局でも調製できたのかもしれない。つまり、膏薬壺は肥前磁器を調達できれば中身はバタヴィア、台湾で詰めて薬局・病院などに配布できたことも想像される。

いずれにせよ、この膏薬壺は中国磁器の例を知らない。一七世紀後半のオランダ東インド会社が肥前に求めた薬剤容器として注目したい。

こうした薬剤容器をオランダが肥前への注文に踏み切った理由は何か。それは、東洋の会社の病院などで使う薬剤容器は必需品であること、オランダからデルフト陶器やガラス瓶をもってくるよりもより近い肥前でできるならば、肥前で調達した方が輸送コストは安くすむことなどが理由として考えられる。こうしてオランダはまず手始めに、こうした当面緊急を要する薬剤容器を肥前に作らせ、あわせて肥前の技術水準の検査もしたものと考えられるのである。

ただし、アルバレロ形壺はアムステルダムの発掘でも染付のものが出土し、ケープタウン沖で一六九八年沈没のオースターランド号引揚げ品にも白磁壺が出土しているから、少なくとも一七世紀第四・四半期にはヨーロッパにも運ばれたことがわかる。デルフトの陶器よりも堅牢な磁器のアルバレロ形壺が評価された結果であろう。

一六五〇年代になると中心部でない窯《かま》、つまり技術水準はあまり高くない、有田町西部の応法《おうぼう》、黒牟田《くろむた》、嬉野《うれしの》町の吉田など周辺の窯で輸出向けの可能性が高い磁器が作られた。「染付《そめつけ》日《ひ》字《じ》鳳凰《ほうおう》文《もん》皿《さら》」、粗製の「染付芙蓉手《ふようで》花鳥文《かちょうもん》皿」、吉田山の「色絵《いろえ》印判手《いんばんで》仙境図《せんきょうず》大皿」などであり、いずれも福建・漳州窯の粗放な磁器を手本として作られた可能性が高い。こうした福建・漳州窯の磁器自体、ヨーロッパにはほとんど渡らず、東南アジアなどに多く運ばれたものだから、その代わりとして見本を提示されて求められた結果ではあるまいか。

ちなみに後述するように万治元年（一六五八）のオランダ東インド会社による大量注文の頃には、景徳鎮磁器を手本としたと思われるものばかりである。

東南アジアへの染付磁器流通

インドネシアの磁器流通

東南アジアへの景徳鎮磁器《けいとくちんじき》の流通が増えるのは、日本と同じく、一五世紀後半頃であることが近年明らかになってきた。

ソンバ・オプー城

インドネシアの場合、トゥバンでの元時代染付《そめつけ》の引揚げ資料はあるが、沈没船引揚げ資料であり、やや特殊な例である。顕著な例としては近年の調査で明らかにされたスラウェシ島のゴア王国の王都ソンバ・オプー遺跡の出土陶磁器である。

ゴア王国は、一六世紀にポルトガルなどヨーロッパ勢力がモルッカ諸島の香料を求めてくると、スラウェシ南部のマカッサルを根拠地としてモルッカ諸島の香料貿易に深くかかわった海上王国である。一六世紀中葉には隣接するタロ王国と連合してスラウェシ島南部の覇権を確立し、東のモルッカ諸島にも勢威を拡げる。一六〇五年にアラウッディン王がイスラム教に改宗したため、島嶼《とうしょ》部のなかで有力なイスラム王国となった。一七世紀にオランダがジャワ島西部のジャカルタに進出し、さらに、香料貿易の独占をはかると、利害関係の衝突からゴア王国はたびたびオランダと戦うことになる。ハサヌディン王がオランダとの抗争のなか、一六六九年、ついに攻め滅ぼされ、オランダの支配下にはいる。オランダはマカッサルにロッテルダム要塞《ようさい》を築き、ソンバ・オプーは地域の中心的位置を失う。こうしたゴア王国の歴史を裏付けるように、出土磁器は一五世紀後半から一六七〇年頃までの中国、肥前磁器が主に出土しているのである。もちろんその後の陶磁器も人々の生活はあったことを示すように出土しているが、品質は落ち、破片はより細かく割れているなど、王国時代とは異なるのである。

ソンバ・オプー出土陶磁器のうち一七世紀後半までの陶磁片は、底部が残っているものでかぞえると、一四六種類、推定三八一個体である。それらは年代的に次の四つの時期にまとめることができる。

Ⅰ期　一五世紀後半～一六世紀中葉
Ⅱ期　一六世紀後半～一七世紀初

Ⅲ期　一六世紀末〜一七世紀前半

Ⅳ期　一七世紀後半（一六五〇〜七〇年代）

Ⅰ期の景徳鎮染付から多く見られるようになるのは、まさに大航海時代、ポルトガルがアジアに進出してきた時期にあたる。ヨーロッパ人が香料を求めたことで、急に島嶼部との交易が活発となり、香料の代価として中国磁器などの先進的物資もこの地域に流通するようになったのであろう。そして、琉球が盛んに南海にも派船して中継貿易をしていた時代には、このスラウェシ地域は貿易の対象地ではなかったことを陶磁器のないことが物語っている。中国につながる貿易ネットワークにいつ接続されたかを、こうした中国磁器が教えてくれるのである。

ゴア王国に一五世紀後半〜一六世紀初め頃のなかで中国景徳鎮磁器が多く入り始めたことがわかり、日本にも景徳鎮染付が多くなる時期とほぼ同様であるが、ゴア王国の景徳鎮製品との違いは器の種類である。わが国では小振りの碗と口径一五㌢くらいの小さめの皿が中心であるのにたいし、ソンバ・オプーの場合は、碗も一回り大きいし、皿も口径二〇㌢以上の中皿クラスが主であることである。こうした器のサイズが違うことは食生活に起因していると考えられる。

同じインドネシアでもジャワ島西部のバンテンでは様相が異なる。バンテンは一六世紀中頃にイスラム教を奉じるバンテン王国が成立したといわれているが、これを裏付けるように王宮遺跡の一九七六年から断続的に行われてきた発掘調査で出土した陶磁器は一六世紀に入ってからのものであり、一六世紀前半〜中葉のものは少なく、一六世紀後半からしだいに増え、一五九〇〜一六四〇年代の明末の中国磁器になるといっそう多くなる。この時期は景徳鎮とともに福建《ふっけん》・漳州《しょうしゅう》窯も粗製の磁器を大量に供給した時期である。

このように、ヨーロッパへの香料貿易で台頭したゴア王国とイスラム教を奉じる王国として西ジャワに成立したバンテン王国の成立時期の差、その後の歴史の違いを、出土する陶磁器の時期別質量の差異が物語っているのである。

こうした需要者側の歴史に応じた生産者の中国の事情がまた絡んでくる。つまり、景徳鎮民窯《みんよう》が一五世紀後半頃から生産量を増大させて、龍泉窯青磁に取って代わるのであるが、一六世紀にこうした景徳鎮染付磁器が中心となるなか、商品経済の発展にともない、人々の経済力が増し、景徳鎮の染付は手が出ないがもう少し安い染付なら是非欲しいという人々の欲求により、景徳鎮染付を買えない人々に向けて、より安い染付生産を沿海部の福建・漳州地方で始めるのである。こうした輸出港の後背地であった福建・広東地方はそれ以前の、龍泉青磁全盛時代にも、龍泉青磁は高価なのでより粗製の青磁を量産して輸出した歴史がある。早くから海外輸出用の、しかも粗製の陶磁器を生産してきた地域であった。輸送コストを下げる（いくらかは輸送距離つまり時間を短縮）という理由にもとづくのであろう。

一五八〇年代頃から一六四〇年代頃に漳州窯は最盛期を迎えた。この時期には原料の質の悪さをカバーするために化粧掛けを施し、大皿から合子《ごうす》、壺類などさまざまな器種を作り、染付だけでなく、色絵、褐釉《かつゆう》、青磁、瑠璃釉《るりゆう》などの種類も多く作った。日本でも遺跡によってはそうであるが、インドネシアのバンテンとソンバ・オプーという当時、島嶼部でもっとも勢力のあった王国の都でも景徳鎮に比肩《ひけん》する流通量に達していたことがわかる。日本の場合は、八王子城など大名の中心的遺跡では景徳鎮窯産の優れた磁器が出土しており、南海地域に比べればより高級な磁器も多く輸入されていた。

トルコのトプカプ宮殿や一七世紀前半のヨーロッパ向けの芙蓉手《ふようで》大皿などをみると、景徳鎮磁器の質量の面からみて、日本以上にヨーロッパ、オスマン帝国などの経済力がさらに上回っていたと想像される。

このようにそれぞれの地域の経済力は中国磁器の品質、とくに景徳鎮と漳州磁器の割合となって表れているのであるが、ゴア王国でも一七世紀前半の時期には漳州窯製品が景徳鎮より多くなり、そのなかでも大皿が目立つのである。そうして、こうしたインドネシアのスラウェシ・ゴア王国や西ジャワのバンテン王国における漳州窯磁器の多さが、中国磁器輸出激減後の肥前・吉田窯における有田より粗製の磁器生産につながる。

一五九六年にスペインから独立したばかりのオランダは、さっそく東南アジアに進出し、一六〇二年にバンテン沖でポルトガルの艦隊を撃破し、一六二三年にはアンボンの虐殺によってイギリスが敗退したように、この地域での香料貿易の独占に成功する。オランダ東インド会社はこの頃から貿易の独占にとどまらず、香料の生産自体を直接経営し始める。しかし、一六世紀にはヨーロッパの需要で香料が貿易商品の中心であったが、一七世紀のなかでコーヒーや砂糖、茶などが貿易商品として需要が増大する。とくに一七世紀後半にコーヒーの飲用がヨーロッパで流行したため、コーヒーを商品として注目することになる。

一七世紀ではアラビアのイエメン地域だけがコーヒーの供給地であった。オランダはイエメンのモカに商館を置いてコーヒー豆を買い付けトルコ商人と交易したのもコーヒー需要増大という背景があった。一六六三年には本国に向けて定期的に運び始めたという。しかしいっそうの量的確保のためには、オスマン帝国などキリスト教国を敵視していたイス

図17　染付荒磯文鉢　肥前（進藤仁氏蔵）

ラム地域の商品を買い付けるのは不安定であった。そこでオランダ東インド会社は一六八〇年、モカから取り寄せたコーヒーの苗木によってジャワでコーヒー栽培に着手した。ジャワコーヒーの誕生であり、一七一二年最初のコーヒーがオランダ本国に運ばれた。最初、ジャワでコーヒー栽培が展開されたから、一七世紀末〜一八世紀のバンテン王宮遺跡とソンバ・オプー、ロッテルダム要塞など、スラウェシの遺跡での磁器出土例では圧倒的にバンテン王宮遺跡の方が多いのである。貿易商品の比重がマルク諸島からジャワ島に移ったことを物語っている。

ゴア王国は一六六九年にオランダによって攻め滅ぼされたが、そのことを物語るように一六五〇〜六〇年代に輸出された肥前磁器が一定量出土しているのである。しかも破片は大きく、その後の例のように細かくなっていない。攻略されたときに破壊・埋没された可能性があるのである。ふつう、生活のなかで使用し破損し廃棄されたものなどはゴミ穴などに埋められた場合は別として地表に捨てられ、地表上で長年月踏み砕かれたりするような状態にあると細かく砕かれたようになるのである。

肥前の特徴ある製品として染付荒磯文鉢《あらいそもんはち》（図17）が出土している。これらが一六六九年ゴア王国の滅亡を裏付けているのである。ゴア王国も一六世紀から中国磁器を買っていたのが、一六四四年以降中国磁器がほとんど入らなくなり、その代わりに肥前磁器を買うことになったのであろう。一六四四年を境に中国磁器から肥前磁器への磁器流通の変移はこうした島嶼部でもみられるのである。

逆に一六六〇年代頃に始まる例がインドネシアにある。それはバンテン王の離宮として建設されたティルタヤサ離宮遺跡である。

ティルタヤサ遺跡

ティルタヤサ遺跡は西部ジャワにあり、バンテン王国のティルタヤサ大王の離宮跡であるが、現在は小さな村のなかでひっそりと眠っている。ティルタヤサ離宮を建設したティルタヤサ大王はバンテンにいた息子のハジ王との確執《かくしつ》があり、オランダはハジ王を支援して一六八二年ティルタヤサ大王軍を破り、バンテン・スロソワン王宮とともに、ティルタヤサ離宮も攻略した。ティルタヤサ王宮はこのとき破壊されたため、一七世紀後半のうちの短期間の離宮であった。その発掘調査が日本・インドネシア共同で、一九九七年と九九年の二回にわたって行われた（『バンテン・ティルタヤサ遺跡発掘調査報告書』二〇〇〇）。ティルタヤサ遺跡出土の陶磁器は磁器と少量の陶器があり、産地別にみると、中国と日本のほか、少量の東南アジアの陶磁器がある。

磁器に関しては一七世紀後半のものがほとんどであり、それより古い明末の磁器が少し混じっている程度である。なぜ一七世紀前半の中国磁器が少量見られるのであろうか。それは、ティルタヤサ離宮以前にこの地で生活があったとも考えられるが、内容からすれば、バンテン王宮から移るときに古い陶磁器を引っ越し荷物として持ってきたためと考えられる。

また一八世紀以降の磁器も微量にみられるが、粗製品であり、離宮とは関係ない後世の人々の生活によるものとみてよい。一七世紀後半の磁器を産地別にみると肥前と景徳鎮産のものがほとんどであり、福建・広東系の磁器はほとんどみられない。またベトナム産の印判手碗もわずかである。

バンテン王宮遺跡では福建・広東系の磁器の割合が高かったが、この相違についてはバンテンの王宮遺跡の方が長い王都であったため、そこで生活する人々の階層に比較的幅があったことが理由として考えられる。ティルタヤサは一時的な離宮のため、王と王を取り巻く人々が主であったことを物語るのかもしれない。当時の磁器にたいする評価が、景徳鎮磁器と肥前にたいし、福建・広東系やベトナムの鉄絵碗などが相対的に低品質の――言い換えれば安価な――磁器として需要層も異なっていたことを物語る。

肥前磁器の製作年代はほとんどが一六六〇～八〇年代に収まるものである。このなかでも五弁花文を表した皿などは上限が一六七〇年代末とみられ、一六八〇年代の可能性が高い。ティルタヤサ離宮がオランダによって攻略された一六八二年一二月に近い年代が推測される。中国・景徳鎮磁器についても一六八四年の展海令によって本格的な輸出を再開する前の康熙《こうき》年間（一六六二～一七二二）の製品が主と思われる。かえって中国清朝磁器の場合、肥前磁器ほど詳細な編年ができていないので今後の編年研究にとって重要な資料になると思う。一六六一年の遷界令《せんかいれい》によって清朝が貿易を禁止した時期にあたり、わが国にもほとんど中国磁器が入らなかったし、輸出された磁器は少ないとみられ、この時期に特定できる中国磁器の例は少ないのが実態であった。

肥前磁器については有田磁器が中心であるが、他に波佐見《はさみ》（長崎県）産の青磁皿もある。また一六六〇～八〇年代の磁器、とくに碗皿については、肥前、中国ともに同意匠、同器形が複数個体出土しているものが多く、セットで所有し、使われていたことが考えられる。食器のためであろう。

肥前磁器をみると輸出用に作られたものとそうでないものがある。その点はバンテン王宮遺跡やジャカルタのパサリカン遺跡などでも同様であるが、一七世紀後半の肥前磁器に共通の特徴といえる。このことは運んだ主が中国かオランダかは特定できないが、輸出用磁器を注文して作らせるだけでなく、肥前・有田窯が日本国内向けに作った磁器のなかから適宜選定して購入することも盛んに行われたことを物語っている。出島には一六六二年、伊万里商人が小屋を建て店を出すことが許可されたとあるし、出島の「阿蘭陀屋敷之図」（東京大学史料編纂所蔵）に「伊万里焼物見世小屋道具入」と記されているから、そうした見世小屋で注文でなく見込生産品の販売が行われたと考えられる。

いずれにせよ本遺跡の陶磁器資料は、ティルタヤサ離宮の年代推定に重要な役割を果たすだけでなく、東南アジアにおける一七世紀の陶磁貿易の実態解明に貴重な資料を提供したといえよう。

さらに長期の歴史をもつ遺跡例としてはバンテン王宮遺跡があげられる。

バンテン王宮遺跡

バンテン王宮遺跡はジャカルタの西方約一〇〇キロにあり、ジャワ海に面した貿易港をもつ王都である。バンテン王国は一六世紀後半から一八世紀中頃にかけて西部ジャワで栄えたイスラム教国である。とくに一七世紀にバンテンの交易・文化は隆盛を極めた。

一六〇二年にオランダはバンテンに商館を設けた。バンテン王国はオランダ人の主たる競争相手として、数回にわたって闘いをくりひろげた。その結果、一六八二年にオランダがバンテンの町を手中におさめ、一六八四年にバンテンはチサダン川の東の全領土をオランダに割譲した。こうしてオランダはインドネシアにおける領土支配を強め、一七世紀末からジャワでコーヒー栽培をすすめる。そして一八一〇年、ついにバンテンはオランダによって破壊された。

バンテン出土の陶磁器を時期・産地・種類で分類整理してみると（表）、次のような特徴を指摘できる。なおバンテン王宮遺跡出土陶磁器は六つの時期に区分できる。

Ⅰ期（一五世紀以前）の陶磁器はほとんどなく、あっても中国陶磁とタイ、ベトナムの陶磁であった。

Ⅱ期（一六世紀前半〜中葉）になって、中国・景徳鎮磁器が少量出土するが、全体に占める割合は一％と少ない。

Ⅲ期（一六世紀末〜一七世紀前半）からⅤ期（一八世紀）の陶磁器が八九％を占め、バン

中国						日本			
龍泉		長沙		その他		肥前		関西系	
11	10.00%	1	0.91%	0	0.00%	0	0.00%	0	0.00%
9	2.45%	0	0.00%	0	0.00%	0	0.00%	0	0.00%
0	0.00%	0	0.00%	333	13.94%	14	0.59%	0	0.00%
0	0.00%	0	0.00%	22	0.41%	1,017	18.85%	0	0.00%
0	0.00%	0	0.00%	156	1.07%	501	3.44%	16	0.11%
0	0.00%	0	0.00%	0	0.00%	0	0.00%	1	0.04%
20	0.08%	1	0.00%	511	2.04%	1,532	6.11%	17	0.07%

中東		ヨーロッパ		
中東		ヨーロッパ		計
0	0.00%	0	0.00%	110
0	0.00%	0	0.00%	368
1	0.04%	92	3.85%	2,388
1	0.02%	7	0.13%	5,394
0	0.00%	10	0.07%	14,569
0	0.00%	747	33.26%	2,246
2	0.01%	856	3.41%	25,075

※　数字は推定個体数

表　バンテン王宮遺跡出土陶磁器の産地別・時期別個体数

	中国							
時期	景徳鎮		景徳鎮か福建		福建・広東		宜　興	
Ⅰ	5	4.55%	0	0.00%	0	0.00%	0	0.00%
Ⅱ	354	96.20%	0	0.00%	1	0.27%	0	0.00%
Ⅲ	834	34.92%	0	0.00%	1,071	44.85%	0	0.00%
Ⅳ	2,349	43.55%	298	5.52%	1,624	30.11%	0	0.00%
Ⅴ	7,488	51.40%	1,120	7.69%	5,241	35.97%	10	0.07%
Ⅵ	36	1.60%	0	0.00%	1,462	65.09%	0	0.00%
計	11,066	44.13%	1,418	5.66%	9,399	37.48%	10	0.04%

	東南アジア							
時期	タ　イ		ベトナム		ミャンマー		その他	
Ⅰ	80	72.73%	13	11.82%	0	0.00%	0	0.00%
Ⅱ	0	0.00%	1	0.27%	3	0.82%	0	0.00%
Ⅲ	33	1.38%	7	0.29%	0	0.00%	3	0.13%
Ⅳ	0	0.00%	76	1.41%	0	0.00%	0	0.00%
Ⅴ	0	0.00%	0	0.00%	0	0.00%	27	0.19%
Ⅵ	0	0.00%	0	0.00%	0	0.00%	0	0.00%
計	113	0.45%	97	0.39%	3	0.01%	30	0.12%

テン王国の歴史を裏付けている。Ⅲ期のうちでもオランダが入り、活発にアジア貿易を開始する一五九〇年代以降の中国磁器が多く、この時期には景徳鎮（約三五％）に加えて福建省南部の磁器が加わり、四五％を占めることになる。両者は品質的に上質と粗製品の差があり、つまり価格的に高価と安価の差があったと推測される。碗・小皿や福建・漳州地方の粗製中・大皿の流通に関しては東南アジアから日本で大きな差のない流通をみせている。景徳鎮でヨーロッパ向けに多量に作られたとみられる芙蓉手大皿や鉢・瓶などは日本と同様、ヨーロッパなどに比べて少ない。

Ⅳ期（一七世紀後半〜一八世紀初）に日本の肥前磁器が一〇一七個体と多量に出土することになるのは、一六四四年以降の明清の王朝交替にともなう内乱が主因である。一六八三年に台湾鄭氏が降伏して終わるまで、清朝が海上の鄭氏一派にたいする経済封鎖のために貿易を禁じたからである。一六四四〜八四年の間も中国磁器がまったく輸出されなかったわけではなく、密貿易によって福建・広東地方などで作られた磁器がわずかな景徳鎮磁器とともに東南アジアには流通したものとみられる。しかし、現段階では景徳鎮の康熙様式のなかで一六八四年以前のものだけを限定・抽出することは困難であり、康熙様式の磁器をすべて含めたために、中国磁器の割合が高い比率になっている。しかし実際は、一六八四年以前には中国磁器の割合は肥前磁器に比べそれほど高くなかったとみられる。つまり一六八四年の展海令以降、待っていたとばかりに中国磁器の輸出が再開されたと想像できる。ケープタウンの一六九七年沈没のオランダ船オースターランド号引揚げ品なども中国景徳鎮磁器が主体であり、有田磁器はわずかである（Werz, 1992）。一六九〇年代頃の南シナ海・ブンタウカーゴ引揚げ品も中国磁器輸出再開後の好資料である。一六八四年以後一八世紀初頭には景徳鎮のヨーロッパ向け磁器が増える。その点は肥前磁器も共通である。つまり両窯の東南アジア向けというのが消える。東南アジア向けの磁器生産は主に福建・広東地方が受け持つことになる。景徳鎮と有田はヨーロッパ向け磁器を作り、その一部がバンテンでたくさん出土している。

Ⅴ期（一八世紀）になると肥前磁器の割合は約三％と大幅に減少するが、一八世紀前半までは相当量の出土がみられる。特徴としては東南アジア向けの磁器はほとんどみられず、ヨーロッパ向けの磁器がオランダ船によって運ばれたものと推測される。景徳鎮磁器もそうしたものが主体であり、有田磁器と競争するなかでヨーロッパ向けに作られたとみられるいわゆるチャイニーズイマリの色絵もバンテンで出土するが、東南アジアでは他に出土例をみない。景徳鎮の特徴的な製品として、褐釉を透明釉などと掛け分けた、褐釉染付や褐釉色絵のカップとソーサーなどがある。褐釉地に透明釉で窓を表し、色絵を施したりするものも多い。これらはヨーロッパでバタヴィアンウェアと呼ばれるのであるが、トルコのトプカプ宮殿収蔵品にも多いし、ヨーロッパでも多くみられる。いずれにせよ一七世紀末から一八世紀に多い。器種では、有田や景徳鎮がこの時期ヨーロッパなどに多く輸出した大小の壺・花瓶セットなどはバンテンではほとんどみられない。やはり、建物内の壁面を磁器で飾るような趣味は日本同様にあまりなかったのであろう。ヨーロッパの天井の高い建築との違いが現れているように思われる。西部ジャワのチレボンにあるイスラム教の聖地、グヌンジャティ墓廟《ぼびょう》に中国景徳鎮磁器やデルフト陶器による壁面装飾されたその前に肥前磁器金襴手《きんらんで》蓋付壺《ふたつきつぼ》（一八世紀前半頃）が据えられている。特殊な例ではある。一方、東南アジア向けとみられる磁器はⅣ期に引き続き福建・広東系の磁器であり、約三六%を占める。この主体は福建南部産の磁器であり、とくに徳化窯《とっかよう》を中心とする。徳化窯の特徴的な磁器は型押成形によって作られ、口禿《くちはげ》にして窯詰め焼成した碗皿である。染付、白磁、色絵、褐釉、瑠璃釉などがある。大量生産によって価格も安かったに違いない。広く東南アジアから台湾、日本にみられ、日本では沖縄や長崎で相当量出土している。Ⅳ期までの福建・広東系磁器は比較的素地が悪く、焼成が不十分なために淡褐色や灰色を帯びたものが主であった。それがⅤ期になると素地は景徳鎮並みに白いものが普通となる。
Ⅵ期（一八世紀末～一九世紀）のなかで、一八〇九年にバンテンのスロソワン王宮はオランダによって破壊された。バンテンの終末期のために出土割合は全体の九％と激減する。景徳鎮磁器はほとんどなく、主に福建・広東系磁器であるが、一九世紀後半になると主にヨーロッパ陶器の食器であることは注意しなければならない。バンテンを破壊したオランダが破壊後に一時入っていたのであろうか、あるいはオランダ支配によってヨーロッパ陶器が市場の中心になるのであろうか。

バンテン王宮遺跡出土の肥前陶磁器の特質をみると、一六五〇年代頃の初期色絵大皿や吉田窯の色絵大皿だけでなく、一七世紀後半の青磁大皿、染付芙蓉手大皿、肥前陶器大皿など大皿がベトナム、タイに比べてとりわけ多く出土していることである。ベトナムでは碗・鉢と小皿が主たる器種であるから明らかに違いが認められる。それぞれの食生活の違いにもとづく可能性が強い。このように一七世紀後半には東南アジアの生活にもとづく器種が主であった。東南アジア向けといえる肥前磁器が多かったのが、次の一八世紀にはいると一変する。それは東南アジアのなかではインドネシアのみで、一八世紀前半に入ってもなお肥前（有田）磁器が出土するばかりではない。内容的にはインドネシア向けのものというより、ヨーロッパ向けの磁器である。オランダがヨーロッパへ肥前磁器を運ぶ際に、必ずアジア貿易の根拠地バタヴィア（現ジャカルタ）を経由したからであろう。次の重要な中継地ケープタウン（南アフリカ）でこの時期の肥前磁器が出土するのである。

このようにバンテン王宮遺跡から出土した膨大な量の陶磁器をみると、一六〜一九世紀におけるこの地域の陶磁器流通の変遷がわかるとともに、日本のこの時期における陶磁器流通内容との異同も明らかとなる。

インドネシアのジャワ島はオランダが一六一九年、ジャカルタを壊し、城と新市街を建設した。さらに一六二一年にはジャカルタの名をオランダの民族名であるバタヴィアと改め、オランダ東インド会社の東洋貿易の本部とした。それによってジャカルタにはオランダにより多くの陶磁器がもたらされたと考えられる。

港岸に設けられたオランダ東インド会社の倉庫群の一部が残り、この倉庫群に隣接する水路は旧運河の跡であり、一九八〇年、この運河の改修工事の際に発掘調査が行われた。この遺跡はパサリカンと呼ばれ、日本では三上次男博士が「パサリカン遺跡出土の貿易陶磁」（『貿易陶磁研究』第二号、一九八二年）で紹介されている。それによればこの発掘調査は国立考古局のアンバリー氏が中心となり、国立博物館のワヒヨノ氏、アブリド氏、海事博物館のアリ氏らによって行われた。発掘地点は運河に関係のある地点が選ばれ、そこから石製の建造物関係品、金属器、ガラス器などとともに多数の陶磁器が発見された。これらはすべて一六世紀末～一七世紀初期以降のものであり、とくに一七世紀初めから活躍を始めたオランダ東インド会社の事業と関係が深いものと考えられている。

輸入陶磁は総計二八八〇点あるが、そのうち中国陶磁が約六五％と過半数を占めているという。年代的には清朝のものが約五五％であり、明朝の製品は約一〇％と少ない。このことはパサリカンにおける貿易はオランダ東インド会社の活動した一七世紀の前期末以降、すなわち明清交替期からであったことが推定できるという。

他の輸入陶磁としては、ヨーロッパ陶器のうちのオランダ陶器が多く、全体の約一五％を占め、タイ約七％、日本約六％と続いている。日本の陶磁器というのはもちろん肥前陶磁である。

ベトナムの磁器流通

ホイアン遺跡

ベトナムでの肥前磁器流通の実態については、ベトナム中部の古都ホイアンで開かれた一九九〇年の「古都市ホイアン」に関する国際会議の際、ホイアン市が展示した出土陶磁器のなかに長谷部楽爾《がくじ》氏が肥前磁器片を確認された。その後、日本・ベトナム共同のホイアンの町並み保存事業の一環で、昭和女子大学国際文化研究所が協力し、一九九三年以来、発掘調査が行われ、多くの肥前磁器が出土した。また、肥前磁器が確認された遺跡数も、ベトナムで精力的に肥前磁器の出土状況を追究されたチン・カオ・トォン氏によると、中部を中心に一九遺跡に上っている。しかし、本格的な発掘調査はホイアン以外には行われていないため、ここではホイアン遺跡を紹介する。

一六世紀のベトナムは黎朝《れいちょう》時代であったが、帝位を簒奪《さんだつ》した莫《ばく》氏に対抗して阮《グエン》氏が順化《フエ》を拠点として中部に勢力を拡げた。広南地方も支配するようになった阮氏の下で国際貿易都市としてホイアンが開かれた。北部のハノイを根拠とした莫氏は一五九二年に鄭《てい》氏によって滅ぼされ、黎朝が復興されたが、実質的な権力は黎朝の武将である北部の鄭氏と中部の阮氏が掌握し、両者が対立抗争を続けることになる。一六〇四年から三五年の間の朱《しゅ》印船《いんせん》貿易時代には、ホイアンに日本人町ができ栄えた。古くからの木造家屋を良く保存し、日本橋と呼ばれる屋根付の橋があり、郊外には日本人墓があるなど、当時の日本人の活躍をしのばせる。

ホイアンの発掘調査で出土した磁器をみると、中国磁器と肥前磁器がある。それぞれの特徴を次にまとめてみよう。

ホイアン出土の中国磁器

中国磁器には景徳鎮窯《けいとくちんよう》（江西《こうせい》省）と福建《ふっけん》省南部の漳州窯《しょうしゅうよう》の磁器があり、明時代、世界最大の染付《そめつけ》磁器《じき》生産地であった景徳鎮産の磁器がホイアンにおける一五九〇年代から一七世紀前半の磁器の主体である。種類は染付のほか釉裏紅《ゆうりこう》染付や白磁も少量みられる。器形は大小の碗《わん》、小皿が主であり、他に小《しょう》坏《はい》、中皿、小鉢などがみられる。瓶《びん》・壺《つぼ》類や水注《すいちゅう》、合子《ごうす》などはみられず、大皿もほとんどない。

ホイアン出土の景徳鎮の磁器は一六〇〇〜三〇年代のものが主とみられる。この時期の磁器では景徳鎮磁器がもっとも上質であった。より粗製の磁器を量産したのは福建省漳州地方の窯《かま》である。ホイアン出土品の漳州窯磁器に多くみられるのは、景徳鎮窯磁器と同じく大振りの碗と鉢である。以上の中国磁器の年代はほぼ一七世紀前半におさまるとみてよい。この時期は朱印船貿易の時代を含む。朱印船制度の設置は徳川家康が慶長六年（一六〇一）に安南《アンナン》・ルソンに通告して始まるが、実施が確認されているのは慶長九年（一六〇四）から寛永一二年（一六三五）に廃止されるまでである。中国磁器の年代はこれより確実に古いものはみられないから、この朱印船制度の始まりとホイアンの国際貿易都市としての成立は深いかかわりがあると推測される。

オランダ東インド会社の記録を研究したオランダのフォルカー著『磁器とオランダ連合東インド会社』（深川栄訳）一六三四年の項に「一一隻の日本のジャンク船がキナムからシャムに到着した」と報告されているが、九隻の「御朱印船」以外の船の海外渡航の禁止令が一六三三年に出たので「この二隻は九隻の御朱印船のうちの二隻か、あるいはキナムに住んでいた日本人キリスト教徒の持ち船のいずれかであったに違いない」とする。キナムは広南であり中部ベトナム、シャムは現タイである。さらに寛永一二年（一六三五）には日本人の海外往来を禁止するなど鎖国令の強化が行われたが、フォルカーは「この禁令によってうまい汁を吸ったのは中国人で、彼らは今やオランダ人をのぞき、日本の港に出入りすることができる唯一の外人であった。キナムの日本人が必要とした磁器は勿論中国製の磁器で、日本の磁器はまだアジア市場においては何の役割も演じてはいなかった」と記す。

フォルカーの同書、一六三六年五月一日の条に「台湾総督はポルトガルのジャンク船がマカオからキナムへ粗製の磁器を運んだと報告」とある。

同年一一月二六日付に「台湾総督は（中略）キナムで商業上ならびに政治的にも力を持っていた日本人が磁器や他の商品を積んで日本に船出するため五隻の中国のジャンク船を借りたと報告している」。

オランダも広南地方に中国磁器を運んだことは、フォルカーの同書、一六三七年に「一万九五七五点の粗製磁器が『グロル号』でキナムに送られ、また見本として八五点の上質の磁器がトンキンに送られている」とある。一六三八年にも平戸を出た船が台湾で積み込んだ磁器をキナムなどに運んでいる。

同書、一六四三年には「日本人と中国人が乗ったコーチ・シナの船がキナムの日本人から買った粗製磁器を積んでシャムに到着した」と伝えられ、日本は鎖国に入ったから、交《コー》趾《チ》おそらくホイアンの帰国せずに土着した日本人が粗製磁器、つまり漳州窯と思われる中国磁器の貿易を行っていることがわかる。キナムをめぐる中国磁器の貿易はポルトガル、オランダ、中国、日本などが行ったことが知られる。

ホイアン遺跡出土の中国磁器の内容は大振りの碗と鉢、そして口径一五～一六《チセン》の皿が主であった。意匠的には景徳鎮磁器と漳州窯系磁器に共通するものが少なくないことである。鉢では外面の雲龍文《うんりゆうもん》、見込《みこみ》の荒磯文《あらいそ》、外面の赤壁賦文《せきへきのふ》、皿では日字《ひじ》鳳凰文《ほうおうもん》などがある。このことは器種だけでなく、器に描かれた意匠にたいしてもこの地域の好みがあったのであろうか。この傾向がホイアン地域だけなのか、あるいはもっと広域にわたるものかは調査例がまだ少ないので今後の課題として残る。

景徳鎮窯磁器と漳州窯系磁器の関係については、上述のように器形・意匠に似通ったものが多いことからも、両者の関係は品質に尽きると思われる。ホイアンの遺跡で両者が同時期に存在することは、高級品と雑器《ざつき》、それぞれの需要があったことを物語る。フォルカー著『磁器とオランダ連合東インド会社』（深川栄訳）の一六三三年の項に「台湾からの覚書並びに通告の中で『キナムではどのような磁器が求められ、また何時頃その需要があるか』と記されており、『キナムに日本のジャンク船が入港している時には粗製の磁器も上質の磁器も併せてさまざまな磁器が結構利益を得て売買されているようだ。キナムの住人向けの磁器は大多数が小振りの幾分浅い鉢で、土地の人はこれであらゆる食物を食べるので、この鉢の方が粗製磁器よりも儲けが多い』」と記す。当時、キナム（交趾）の中心的貿易都市がホイアンであったから、ここに記された内容はホイアン周辺に当てはめて考えてよかろう。日本船が中国の磁器の貿易に関わっていたことが推測できる。中部ベトナムの人々向けの磁器で「大多数が小振りの幾分浅い鉢」というのは図17のような肥前磁器が手本とした中国の鉢を指しているのではないか。「土地の人はこれであらゆる食物を食べる」とあるのもホイアンでの器種の少なさと符合しているように思われる。「粗製磁器」とあるのは漳州窯、「上質の磁器」は景徳鎮窯磁器と推測される。

ホイアン出土の肥前磁器

ホイアンの各地点から多数の肥前磁器が出土している。それらはいずれも一七世紀中葉～末のものである。そして溝の調査では、埋土の下層では中国磁器ばかりで肥前磁器の出土はみられなかったのにたいし、堆積年代が新しい上層になると肥前磁器中心であったという。

肥前磁器の種類は染付のみであり、器種は大振りの碗と皿が主であり、他に小碗、蓋物の蓋が出土している。

碗は口径一二・二～一四・八センチの雲龍見込荒磯文碗が主である（図17はより大振りの例）。この時期は中国磁器の輸出が激減していた時期に符合する。中国磁器の碗の代替品として第一にこの見込荒磯文碗が選ばれて肥前にたいして注文されたに違いない。おそらく大量の注文、需要のために有田だけではその需要に応じ切れず、より安価なものも求められたため、肥前から熊本の天草など広域に及ぶ窯で焼かれた。これだけ広域に膨大な量が焼かれると、国内に流通したものもあり、国内の遺跡でも時々出土例をみるが、やはり東南アジアほど出土する碗に占める割合は高くない。そして何よりも一六八〇年代になると急速に姿を消し、現在のところ一六九〇年代には始まるコンニャク印判の製品と確実にいっしょに焼かれた例はない。つまり一六八〇年代に中国が台湾の鄭氏の降伏によって国内統一を果たし、海禁令を解く展海令を発布して中国磁器の本格的輸出が再開されたためと考えられる。

肥前磁器をホイアン地域に運んだのは誰であろうか。当時、わが国が公式に貿易を許したのはオランダ船と中国船であった。一七世紀後半に日本から肥前磁器を輸出できたのはこの二通りであった。ところでフォルカーによれば、オランダ東インド会社は北のトンキン（現ハノイ）には一六四〇年から商館を開設し、着実に交易をすすめていた。一方、トンキンに対抗していた阮氏の交趾（キナム）には一六三三年から三八年までファイフォ（ホイアン）に商館を構えたが、一六三九年から四四年にかけてトンキン王の同盟者としてキナムと交戦し、和解が成立した一六五一年以降でも交趾との交易はあまり重要でなかったという。オランダの記録をみると、実際、オランダ船がキナムに肥前磁器を運んだとみられるのは、一六七〇年五月にバタヴィアから「六〇ライクスダールデルス分がキナムに船積みされている。（キナムでは中国の磁器がいつでも入手できたのでキナム向けは恐らく日本製の磁器であったろう）」とあるだけである。トンキンには盛んに肥前磁器を運んだオランダも交趾に運んだ確実な記録はない。一方、中国船が運んでいることは、一六六一年、「キナム経由でバタヴィアに到着したが、その船積み貨物の中には一一〇〇個の日本製のビール・マグと日本製の大きなカップ五九〇〇個があった」。そのほかに中国磁器も積んでいた。

一六七一年「長崎から一艘のジャンク船が粗製の磁器を積んでキナムに向かった」ことや一六八一年「二艘の中国のジャンク船が日本製磁器を積んで広東と交趾シナを経由して

日本から同地（マラッカ）へやって来た」ことがオランダの記録に残る。こうした記録も考え合わせると、ホイアンに直接、肥前磁器を運び込んだのは中国船が主であったとみられる。

雲龍鳳見込荒磯文碗・鉢（図17）と日字鳳凰文皿はこの溝出土の中国の景徳鎮窯や福建・漳州窯の製品のなかにもみられた。こうした中国の両窯とその代わりに輸出した肥前磁器の三者に意匠の共通のものがみられたケースは他の国の遺跡には知らない。はじめての例であるが、ホイアンあたりの好みの意匠であった可能性が高い。

器種の点からいえば口径一四〜一六センチほどの碗・鉢と同程度の皿が多いことは中国の両窯の製品と肥前磁器に通ずる特徴といえる。したがって一七世紀代はこの碗・鉢と皿の組み合わせがホイアンの生活様式から求められた主要な器種といえよう。

ホイアンでは肥前磁器は一六五〇〜六〇年代のものが主であり、それより新しいものはみられない。一七世紀末以降、再び中国磁器だけとなる。

このようにホイアンでは、肥前磁器が消えていく一七世紀末から中国磁器の使用に戻るが、一口に中国磁器といっても、明末の製品とは品質、意匠の点でかなり違ったものになる。また中国磁器のなかでも一七世紀末〜一八世紀前半には景徳鎮磁器もみられたが、しだいに福建南部地方の磁器中心になっていくことが知られる。

以上のように、ホイアンは朱印船貿易時代に国際貿易都市として登場し、日本人町なども形成されたが、肥前磁器がホイアンに運ばれることになったのは日本人町の最盛期が終わった後であり、日本人町があったからではなく、中国磁器の海外輸出が激減したためである。

また中国と肥前の磁器に共通してみられる器種は碗（鉢）と五〜七寸（一五・二〜二一・二㌢）の皿であり、こうした食器における碗・皿の組み合わせは日本と同じであり、箸《はし》食とかかわりがあろう。ベトナムでは箸と匙《さじ》を使うのにたいし、タイでは箸は使わず、匙と手食である。またインドネシアなどイスラム教圏ではおおむね飯とおかずは手で、スープは匙などで食べるのが普通である。すでに一七〇八年（宝永五）の西川如見《じょけん》『増補華夷通《ぞうほかいつう》商考《しょうこう》』には朝鮮、琉球、大冤（台湾）、東京（トンキン、ベトナムのハノイ周辺）、交趾（コーチ、ベトナム中部）の五国をあげ、共通の特質の一つとして、中国の影響強く、「何も箸を取て食す」をあげている。そのほかの国は「何も箸を用ず手づかみに食す」とすでに指摘している。こうしたそれぞれの地域の食習慣に応じて肥前磁器の器種など内容も異なることがわかってきた。

東南アジア各国の磁器流通

タイ・アユタヤの遺跡

インドシナ半島のタイ王国は一三五〇年から一七六七年にかけての約四〇〇年間、アユタヤ朝の支配が続いた。とくに一六世紀末から一七世紀に全盛期を迎え、シャムの王都アユタヤはヨーロッパ諸国やインド、中国、日本人らが居住する国際都市に発展した。

現在の首都、バンコクの町中を流れる大河、チャオプラヤ川（通称メナム川）を遡《さかのぼ》ること、北へ七七キロにあるアユタヤは、この時期に多くの外国商館が設けられた。チャオプラヤ川を多くの船が往来してアユタヤの繁栄を支えたものと思われる。

アユタヤはチャオプラヤ川の本流、支流に囲まれた町であり、その一画にポルトガル人町、日本人町やオランダ東インド会社の商館があった。一六三〇年（寛永七）に山田長政《ながまさ》が王位継承の内紛に巻込まれて死ぬと、まもなくして日本人町は焼打ちされた。その後日本人町は復興するが、日本の鎖国によってアユタヤの日本人はオランダ商館の貿易活動のなかに組み込まれていった。

オランダ商館は一六〇八年にアユタヤに開設され、その後閉鎖・再開を繰り返し、一七六二年に永久閉鎖したという。オランダ商館の記録によると肥前磁器のシャムへの輸出量は一六六六年の一七九〇個が最高であり、一六七七年（延宝五）に三一八個を送って、その後は絶えたという。一六六六年のオランダ船による長崎からシャムへの直送は初めてであり、白磁の大皿一七九〇個が運ばれたが、中国船はすでにシャムへも肥前磁器を輸出していたという。次に記録に現れるのは、一六七一年の一五三個、そして一六七七年の三一八個を加えて合計二二六一個が記録上、オランダ船がシャムに運んだ肥前磁器である。一六七七年以降の肥前磁器の輸入の記録がないことと、タイでは一八世紀に入る肥前陶磁がアユタヤ遺跡の一点以外にみられなかったことと関係があるのかもしれない。

アユタヤは一七六七年にビルマ軍に攻められ破壊された。ビルマを破ってアユタヤを解放したタクシン王は四〇〇年続いたアユタヤからトンブリ（バンコクの西）に王都を移し、トンブリ王朝を興す。そして、一七八二年にチャクリ王（ラマ一世）がバンコクに都を開いて現在に至るのである。

アユタヤ王宮遺跡からは珍しい肥前磁器が出土している。それはオランダ東インド会社の略称VOCの文字を組合せたマークを入れた角瓶《かくびん》であり、無釉《むゆう》の底部にVOCのマークを呉須で焼付けているのである。この染付《そめつけ》角瓶と同様の例がアムステルダム国立博物館に所蔵されている。井垣春雄氏によれば、この角瓶は九点あり、「各々にV・O・Cのマークがあり、それらを収容する木製キャビネットにはバタビア製の金具がついている。この金具の製作年代が一六六九〜一六九〇年頃といわれている」（陶説二九二号、一九七七）。このオランダの例は九点セットであり、アユタヤ王宮出土例も五個体以上あることから、この種の角瓶はセットで用いられるのが普通であったらしい。この種の角瓶の年代は一六七〇〜八〇年代と推測され、オランダ東インド会社のマークが入っている点からみると、オランダ商館を通じてアユタヤ王宮に入ったことが推測される。とすれば、記録にみるオランダ商館が扱った最後の輸出である一六七七年の可能性が強いように思われる。

タイにおける肥前陶磁器には一六四〇〜五〇年代に遡る特殊な小瓶などが若干あるが、主に一六六〇〜七〇年代頃の肥前磁器である。肥前陶器は二彩手《にさいで》大皿がみられる。

一六六〇～七〇年代頃の主要な磁器は染付見込荒磯文碗・鉢など染付碗であるが、蓋付鉢や合子も出土している。こうした傾向の肥前磁器はアユタヤと北方のロプブリ遺跡で出土している。アユタヤは当時の王都であるとともに、日本人町があった。ロプブリ遺跡ではクンディと呼ぶ独特の器形の水注も出土している。

タイの肥前陶磁の年代は一六六〇～七〇年代のものがほとんどであり、それ以後の肥前磁器は例外を除けば出土していない。このことはオランダの記録に、肥前磁器のシャムへの輸出量は一六六六年の一七九〇個が最高であり、一六七七年（延宝五）に三一八個を送って絶えた、とあることに符合する。碗類などは中国船によって運ばれたものが多かったかもしれないが、それも一六八四年の展海令以後、中国磁器に取って代わられたであろうから、タイへの肥前陶磁輸出の年代はインドネシアに比べれば短かったといえる。

カンボジア

カンボジアでは一五九四年、シャム軍の侵攻によってロンヴェーク城が陥落したが、一七世紀初頭にシャムから帰国したスレイ・ソリヨポワ王がカンボジアを復興、その子のチェイチェッタ二世王が一六二〇年にウドンの都を建設した。北川香子氏によると、この一七世紀のなかでオランダ、日本および中国などの国際貿易勢力が南シナ海からメコン河、トンレ・サープ河ルートの終点としてポニェ・ルーを建設したとみられるという。ポニェ・ルー（現在の首都プノンペンの北西二五〇キロ）には日本やオランダの貿易拠点があった。オランダ商館は一六三六年に開設。一六四四年から一時、王との間に争いを生じたが、一六五六年には和平が回復した。しかし、一六五八年ベトナム・広南王軍がメコン河から突如、王都ウドンを攻め、オランダ商館も襲われシャムに逃れた。一六六五年に商館は再開するが、六七年鄭氏一派が商館を襲撃した。鄭氏一派とオランダ東インド会社との間の抗争はシャム・カンボジア貿易、台湾、廈門《アモイ》などでの攻撃があり、カンボジアの商館襲撃もその報復とみられる。

カンボジアは、ベトナムの広南王とシャム王が王室の内紛に介入するなど不安定であったため、この襲撃事件以後、オランダ商館は放棄される。

一九九八年、カンボジアにおける北川香子氏の採集品のなかに、荒磯文碗などの肥前磁器が確認された。カンボジアのなかでも日本人町があったポニェ・ルー地域を含み、限られた地域に流通したことが予想される。肥前磁器の流通の主要年代は一六六〇～七〇年代のものであり、碗がほとんどである点、荒磯文碗の一種として見込に龍頭を描いたものがある点など、タイと似通った傾向を示す。

マラッカ

東西貿易の要衝《ようしょう》マラッカ海峡を扼《やく》するマラッカは、ポルトガルが一五一一年に占領し、要塞《ようさい》を築いた。一六世紀末に東南アジア海域の貿易に参入したオランダは、ポルトガルの拠点を次々と奪っていった。一六四一年にはポルトガルが支配していたマラッカを陥落させ、一六七〇年代にはこの海域での優勢が確立された。インドネシア海域での重要な商品であった胡椒《こしょう》の独占的交易を果たしたにもかかわらず、この一六七〇年代末にヨーロッパ市場で胡椒価格が暴落し、会社は経済的に大きな打撃を受けることになった。

オランダは一六四一年にマラッカを占領すると、ここに商館や病院を設け重要な拠点とした。オランダ東インド会社は、バタヴィアからマラッカ海峡以西のインド、アラビア地域への陶磁器輸出の中継地とするほか、中国船、イスラム商人、イギリスもここで取引したり、中継地としたことがあった。イギリス船が一六七九年からシャムを舞台に寄港するようになるのも、イギリスが東アジア市場でいよいよ力を増し始めたことの表れであろう。

日本製磁器すなわち肥前磁器がマラッカを中継して西方に運ばれるのは、一六六一年から七九年に中心がある。長崎から会社の船で直接マラッカ商館や病院に運ばれたのは一六六一年〜七七年である。一六七〇年代後半からしだいに中国磁器の取り扱いが多くなっていく。一六八四年の展海令前であっても一六七〇年代後半から中国磁器の輸出がみられ始めている点は、一六八二年陥落したというインドネシア・ティルタヤサ離宮でも景徳鎮磁器がかなりの割合で出土していることと符合する。清朝の海禁令がすでにゆるみ始めていたことを表すのであろう。

こうしたマラッカの歴史を裏付けるように、ポルトガル、オランダの要塞跡であるサンチャゴ砦《とりで》跡のオランダ時代の城門付近で、中国・景徳鎮窯の染付皿・碗・瓶の破片が採集されている。一七世紀のものである。またクアラルンプールにある国立博物館の陶磁室には肥前磁器の伝世品《でんせいひん》が展示されていた。一六五八～七〇年代の色絵芙蓉手花盆文《いろえふようでかぼんもん》の大皿、一六九〇～一七一〇年代の染付花盆果木文《かぼんかぼくもん》の大皿、一七〇〇～三〇年代の染付芙蓉手VOC字花鳥文の大皿、一六九〇～一七三〇年代の染付宝文蓋付壺《たからもんふたつきつぼ》（蓋欠）、一七〇〇～三〇年代の色絵菊文クンディなどである。これらは伝世品のため当時渡った確証にはならないが、コタチンギ遺跡で染付荒磯文碗が出土しているのを森本朝子氏撮影の写真で見たことがある。

東南アジアにおける状況

東南アジアのなかでもインドシナ半島のタイ、ベトナム、ミャンマーなどはそれぞれ、釉薬《ゆうやく》を施した陶磁器生産が盛んであったから、輸入する陶磁器は中国などの優れた磁器が主であった。ところがインドネシアは土器しか生産していなかったから、中国磁器だけでなくインドシナ半島の陶磁器も盛んに輸入した。磁器の食器だけに限っても、一六世紀後半から明末には、上質の景徳鎮窯磁器と福建漳州窯の粗製の磁器が流通した。一六四四年以降、これら中国磁器の輸出が激減するが、なお非公式であろうが、日本などには流通しない粗放な染付がインドネシアには少なからず流通し、肥前磁器とともに出土している。この一六五〇～七〇年代の磁器の品質は、前代の上質の景徳鎮窯磁器の代替品としては肥前の有田磁器、漳州窯磁器の代替品としては肥前・吉田窯などのやや材質的にも良くない磁器が想定できるし、さらに安い磁器として北部ベトナム産の鉄絵印判手碗（鉢）が該当すると思われる。このベトナム産の碗のインドネシアへの輸出は、オランダ東インド会社の一六七二年から一六八二年にかけての記録にみられる碗（トンキン製カップ）の輸出にあたると推測される。

同じ遺跡、遺構でこの高低の品質格差がある磁器が出土していることは、たとえば日本でも一八世紀に江戸の大名屋敷などの調査例でも一般的である。つまり、肥前磁器の場合、高級磁器の有田産（佐賀県）と日常雑器《ざつき》の波佐見《はさみ》産（長崎県）がいっしょに出土していることである。これは一つの屋敷地に大名や上級武士クラスから雇い人、下人クラスまでが生活していたことを物語る。また農村部の富裕層の屋敷地でも有田・波佐見の両製品が出る場合には、同様に主人と下人が同じ屋敷地内にいるケースと、もう一つは上質磁器は宴会などハレの時に用い、日常的には波佐見産磁器を使うというような使い分けのために両方を所有していた結果の二通りが推測され、両者のケースが重複していることもあったであろう。経済力の異なる需要層の存在や磁器の普及が前提となるが、日常用と宴席などハレの席の用品との使い分けがすすんだ場合に生じる。一七〜一八世紀には東アジア諸国でもこうした使い分けは各地で見られるようになったと思われる。

一六八四年以降、中国の海禁が解かれ、中国磁器の海外輸出が堰《せき》を切ったように再開されると、ベトナムの粗製印判手碗に代わるものとして福建・広東地方の粗製印青花碗が多量に出回ることになる。肥前磁器に代わるものとして上質の景徳鎮磁器や福建南部の徳化《とっか》、安渓《あんけい》などの地域の碗皿が東南アジア市場を席巻する。そして一八世紀後半〜一九世紀前半には材質的に景徳鎮磁器に肉薄した染付や色絵生産を可能にした福建南部の磁器が食器市場の中心となる。

日本でも磁器の食器が庶民にまで普及するのは一八世紀中葉から後半のなかであるが、こうした普及が東アジア全体の動きでもあったことが推測される。今後、東南アジア各地域の考古学的調査がすすめば、より細かい地域単位における陶磁器の流通内容の把握が可能となり、その結果、それぞれの地域の政治・経済・文化の解明の重要な資料となるものと思われる。

以上のように、インドネシアを除けば、オランダが勢力を失い撤退していったことと、一六八四年の展海令によって中国磁器輸出が再開されたために、肥前磁器の東南アジアつまりインドシナ半島へ向けての輸出は、一六九〇年代になるとみられなくなるのである。当然のことであるが肥前の窯跡でも東南アジア向けの器種・意匠は消える。器種では大振りの碗や鉢そして合子《ごうす》である。

合子は蓋受けをもつ身に、かぶせるようにつまみのない蓋がぴったりと載せられる構造の器であり、磁器では中国で宋元の時代から白磁などで作られた。この合子の用途として、東南アジアでは噛み煙草ともいわれるキンマと関わりがある。ビンロウの種子に石灰を塗り、キンマの葉で包み、口の中で噛むと刺激があるので、広域で宋代以前から行われていたらしい。東南アジアではこのビンロウ樹をかむのに用いる石灰を入れる器として合子を使うといい、一般的に出土する器種であった。この地域で出土する合子は中国の磁器や華南三彩、緑釉《りょくゆう》の合子などが多いし、ベトナム、タイの陶磁器も多い。そうした需要の元で肥前磁器も一七世紀後半には相当量生産し輸出した。しかし、わが国でも合子は香合《こうごう》としての需要があり、中世には中国やタイ、ベトナムの合子を購入して香合として利用していたのである。同じ器種でも地域によって生活文化の違いから、用途が変わることの好例である。

日本では、桃山・江戸初期にも中国の三彩や福建・漳州窯産の呉州手《ごすで》の合子がかなり輸入され茶の湯の世界で珍重された。景徳鎮も天啓頃には古染付、続いて祥瑞《しょんずい》が日本の茶人好みの合子を作った。肥前もまた茶道具としての求めで初期伊万里から合子がみられ、記録にも『隔蓂記《かくめいき》』で最初に登場するのが寛永一六年（一六三九）「今利焼藤実染漬之香合」、慶安二年（一六四九）「今利焼有絵藤実香合」、同四年「今里染付薫物香合一丁」「肥前焼之香合」、寛文二年（一六六二）「錦手之今里香合」とある。実際、一六三〇〜四〇年代には鳥形などふつうの丸形だけでなく形象の香合を作り出していた。これらは東南アジア向けでなく、国内向けの香合であることは明らかである。こうした国内の香合需要は一七世紀末になると他の茶陶《ちゃとう》同様に減ったものと考えられる。将軍綱吉《つなよし》が茶事《ちゃじ》を好まなかったなども理由の一端にあろうが、茶の湯の流行は下火を迎えたと考えられるからである。偶然であろうが、茶の湯の流行の廃《すた》りと東南アジア輸出の減退の両方が重なったためであろう。一六九〇年代以降の合子はほとんどみられなくなるのである。一九世紀に薬合《やくごう》が作られるようになるまでの約一〇〇年間は肥前の合子生産はほとんど止まる。そして一八世紀になると東南アジアには中国磁器の合子が再び支配的となる。タイ、ベトナムの陶磁器の合子もこの段階ではみられないから中国磁器の独占した状況であるが、しかし全体に量の減退があるかにみえるから、こうしたビンロウ樹を嚙《か》む、嚙み煙草（キンマ）も一七世紀までに比べて減退するのであろうか。考えてみればヨーロッパ人がキセルによるたばこ喫煙を持ち込むし、ベトナムで水キセルが行われることなども関係があるかもしれない。

東南アジア輸出の担い手

わが国は寛永一六年（一六三九）に鎖国に入り、中国とオランダ船のみが長崎での交易を許された。東南アジアへ向けて肥前磁器を輸出したのは中国船とオランダ船である。オランダ東インド会社はバタヴィアで積み替えてさらに西方に運んだが、中国船は基本的に東南アジアまで運んだと考えられる。清も貿易船を長崎に派遣したようであるが、記録では幕府は一回（一六四六年六月）に限って許したとある。したがって、以後は一六八四年の展海令まで明の遺臣の鄭氏一党による貿易活動が中心と考えられるが、一六五〇年、七〇艘の唐船が入港したうちの福州や安海からの船は、すでに成功《せいこう》の勢力圏ではないため、漳州船などに限られると山脇悌二郎氏はみる。鄭経の長崎派船についてもすべてが自己船ではないし、唐船といっても東南アジア所属に及ぶ。一六六六年、長崎を出港した唐船数は三五艘であり、その内訳は、台湾船一一、広南船八、カンボジア船四、シャム船五、パタニ船二、リゴール船二、シンゴラ船一、潮州船二であった。一六八一年の長崎入港唐船数は三〇艘であり、内訳は台湾船九、福州船五、広東船五、シャム船二、カラパ船四、泉州船三、東京船一など各地から来た（山脇悌二郎『長崎の唐人貿易』一九六四）。清に抵抗した鄭成功は福建・広東地方の海岸部を根拠地として一時は南京攻略を試みるなどの勢力があったが、一六五九年に南京で敗れ、清軍に圧迫されると、台湾商館に矛先を変え、一六六一年、オランダの根拠地が置かれていた台湾の安平のプロビンシア（赤嵌）城とゼーランジア（台湾）城を攻めた。一六六一年一二月、台湾長官コイエットが降伏して、鄭成功による台湾支配が始まる。台湾を拠点として清に抵抗を続けたが、一六六二年五月八日、鄭成功は急死し、成功の孫鄭克塽《ていこくそう》が一六八三年、清に降伏するまで鄭氏の台湾支配が続いた。

東南アジアへの本格輸出

一六五〇年代後半になると、東南アジア向けに作られたといえる器形、意匠の肥前磁器が現れる。清朝が明暦二年（一六五六）に下海通蕃之禁《かかいつうばんのきん》（以下「海禁令」という）によって、いよいよ商船が私的に出海することと、鄭成功らと貿易することを厳禁したためではあるまいか。

東南アジア向けの代表的な磁器が「染付雲龍見込荒磯文碗《そめつけうんりゅうみこみあらいそもんわん》」（図17）である。これは景徳鎮窯や漳州窯で一六世紀末から一六三〇年代頃まで作られた碗・鉢を手本としたものであり、中国では見込の鯉が飛び跳ねた図を跳魚図《ちょうぎょず》と呼ぶ。この中国磁器を手本として肥前の荒磯文碗が現れるのだが、万治三年（一六六〇）銘の陶片が有田町長吉谷《ちょうきちだに》窯で出土したことで、一六六〇年を含む製作年代が推定できた。これには亜種がかなりあり、外側には龍だけでなく鳳凰《ほうおう》も描いたもの、見込の荒磯文には、魚の代わりに波間に龍を描いたもの、波もなく龍だけを描いたものなどがある。また小碗で見込に荒磯、外面に丸内に龍を描き、地に寿字を連ねたものもある。こうした染付荒磯文碗は肥前一帯の窯で焼かれ、肥前以外にも熊本県天草の内田皿山窯など一六五五～七〇年代に操業した窯の多くで焼いているほどである。総数がどのくらいの量になるか見当がつかない。国内でもいくらかは出土するが、生産量からすれば微々たるものであり、その多くは東南アジアに運ばれたのであろう。インドネシア、ベトナム、カンボジア、マレーシアの遺跡から広範囲に出土もしくは採集品が知られている。ヨーロッパでは未だ出土例を聞かないし伝世例もみない。

こうした東南アジア向けとみられる製品の特徴には、景徳鎮磁器を見本とした明白なものは少ない。逆に色絵印判手仙境図大皿は明らかに漳州窯産のいわゆる呉州赤絵《ごすあかえ》を見本として写したものである。見込や内側面の丸の中に仙人の世界を文様として描き、内側面の丸の間に赤で方形の印判を文様として表す。呉州赤絵の代表的な意匠の一つであり、一五九〇～一六三〇年代頃に多く作られ、東南アジアばかりでなく日本にも入ってきた。一七世紀中葉にはより粗放な少し小振りの皿が作られ、インドネシアなどに輸出されているが、日本には入らなくなっている。漳州窯製品の代わりのものを肥前のなかでも鍋島支藩の蓮池藩領の吉田窯（佐賀県嬉野町）が作り出した。吉田窯は一六五〇年代に開窯する。従来、江戸前期の赤絵（色絵）を作ったのは肥前民窯では有田しか考えられていなかったが、一九八八年の調査で吉田窯でも一六五〇年代頃に赤絵を作っていたことが明らかになった。しかも、有田が主に景徳鎮をめざして景徳鎮磁器を手本としたものが中心であったのにたいし、吉田窯は漳州窯の製品を手本としたと推測できるものが主であった。

しかも開窯年代が一六五〇年代であり、一六四四年の中国磁器輸出が激減し一六四七年中国船によって東南アジアへの輸出が開始されてからのことであった。鄭成功の活躍の時期でもあり、明末の東南アジアの陶磁器の流通状況は、より粗放な漳州窯の割合が高いのである。地域の経済力、需要にもとづくのであるが、福建・広東に拠点のあった鄭氏一派であったから、よけいに漳州窯製品と同様の意匠の製品を求めてきた可能性が高い。そうした海外需要が新たに肥前磁器を求めてきたが、国内磁器市場への対応で有田は生産規模を増大させていたにしても、おそらく余力はなかったであろうし、東南アジア市場に流通していた漳州窯磁器に比べて高価であったに違いない。そこで有田磁器より安価な磁器、東南アジアまでの輸送コストを加えても漳州窯磁器並みの価格で販売できる安い磁器を作らせる必要があったのであろう。それを有田でない支藩領の吉田に窯を築いてまで作らせ、それに鄭氏が深くかかわったことも想像される。吉田窯の北方約一キロの祇園遺跡で赤絵片が多く採集され、赤絵付けを行った遺跡と考えられたが、この地点は光武岱造氏が鄭幽軒の屋敷と推測していたし、赤絵片の中には「鄭氏」の文字が赤で入れられたものがあった。この「鄭氏」と鄭成功一派との関わりは不明ではあるが興味深い資料である。

吉田窯の製品は塩田川を通じて有明海から長崎に運ばれ、中国船で輸出された可能性が高い。この一六五五～七〇年代頃にかけて、東南アジア向けの代表的製品である荒磯文碗を焼く窯が大村藩領であった長崎県波佐見や松浦藩領であった長崎県佐世保市木原などや熊本県天草などにまで広がっていることは、中国磁器の輸出激減という大事態により、日本に代替品を求める需要の集中が引き起こしたことであった。大村藩の波佐見窯では有田とほぼ同じ頃から磁器生産が始まったし、平戸・松浦藩では一六三〇～四〇年代頃からであった。しかし、いずれも、一六五〇～六〇年代の雲龍見込荒磯文碗を焼く窯が新たに増える。佐賀藩領内でも武雄市や嬉野町不動山窯などで新たに磁器窯ができるなど、輸出景気にわいて磁器生産窯が地域的にも拡大していった。

ところが有田より国内への出荷港伊万里に近い大川内山にできた磁器窯では荒磯文碗や芙蓉手皿など海外輸出用磁器といえるものはなく、碗など国内向け磁器や京焼風陶器碗・皿など国内需要を視野に入れたものであった。伊万里港に近いところで国内向けの有田より安い磁器生産窯を設けるなど、長崎により近い地域との地理的な役割区分を考えていたことがわかる。このことは中国の場合も高級磁器の景徳鎮にたいして、より安い磁器生産は輸出港に近い海岸寄りの福建・漳州地方に配した地理区分と共通しており、輸送コストなども考慮して窯の立地を考えていたことがわかる。その点は有田皿山内でもいえることであり、一六五〇年代から六〇年代に楠木谷窯《くすのきだにょう》などがあった年木山《としきやま》がなくなり、柿右衛門窯などの下南川原山ができるなど、窯が西に移動するケースがあることも、長崎への輸送距離をより短くするためのことと考えられる。

東南アジア市場を失った肥前

肥前諸窯は、一七世紀後半の輸出最盛期に量的にはもっとも多くを占めていた東南アジア市場を中国に奪回され、大きな痛手を受けたことは想像に難くない。何も手を打たなければ、当然販売先を失った窯は潰れるしかないであろう。肥前諸窯のなかでも東南アジア向け製品の比重は窯場によってかなり差があったと考えられる。代表的な荒磯文碗の出土割合をみても窯によっての差は大きい。もちろん有田のなかでもこの碗を多く作っていた窯はあるが、それ以上に長崎県波佐見や三川内などでの割合は高かった。

こうした状況のなかで肥前諸窯がとった方策は、国内需要の開拓であった。つまり、一七世紀に国産磁器ができたといっても、なお高級品であって庶民が日常的に使えるものではなかった。

こうした需要層に磁器を買ってもらうには、より安価な磁器を作る必要があった。有田では絵付けの省力化の方策として青い染付文様を筆で描く代わりに型紙摺りやコンニャク印判といった印刷装飾法を一六七〇〜九〇年代に始めていた。一方、庶民向けの磁器の開発を本格的に行って成功したのは長崎県の波佐見諸窯であった。一八世紀前半には三川内窯もそうであるが波佐見の百貫窯、高尾窯などは陶胎染付碗《とうたいそめつけわん》をさかんに作ったが、陶胎染付とは白い奇麗な染付を買えない人々向けに作られた安価な染付まがいのものであった。普通の染付とどう違うかといえば、陶器の原料、つまり灰色に焼き上がるような粘土を使って、その表面に白い化粧土を薄く掛ける。その上に染付で文様を描き、透明釉をかけて焼いたものである。白く青い文様も鮮やかな染付磁器とは異なるが、陶器に比べれば染付磁器に近いものであった。中国・明末の景徳鎮と漳州窯の関係に通じるものがある。つまり、景徳鎮がカリカリの白い磁胎であったのが、漳州窯は景徳鎮磁器を買えない人々のために、粗い土の素地の表面に化粧土を施し、その上に染付したのである。とろっとした釉調に、ねむい感じの染付であったが、景徳鎮磁器を買えない人々が満足したのであろう。

波佐見窯には一八世紀前半に江戸商人が資本投入したとされるが、これらもより安い磁器開発へのてこ入れであったのかもしれない。一八世紀中ごろには波佐見の特徴となるいわゆる〝くらわんか碗〟ができあがる。「くらわんか」とは摂津枚方《せっつひらかた》（大阪府枚方市）付近で淀川通いの船に酒食を売る船を俗に〝くらわんか船〟と称し、船で用いた粗製の碗を「くらんわんか茶碗」と呼ぶ。実際、枚方市付近の淀川辺ではこのくらわんか碗と思われるものが多量に採集されるようである。この特徴は底部を厚く作ることで底部の窯割れを防ぎ歩留まりをよくする、つまり失敗を少なくすることである。碗の見込の釉を蛇ノ目《じゃのめ》状に剥ぎ取り、碗同士を直接重ね積みして焼くという、一七世紀にはなかった窯詰め方法を行う。この方法によって同じスペースの中でより多くの碗を焼くことができる。この方法は釉剥ぎ部分が汚いから、消費者の経済力向上を背景に一九世紀には消えていく。やや小振りの決まった形の丸碗であることも量産向きといえよう。外面文様も雪輪梅樹文や二重網目文など少ない種類の意匠であった。決った形で、少ない種類の簡単な文様の碗を、有田以上に大規模な全長一〇〇メートルを越すような登窯で大量生産する。こうして従来の碗に比べてはるかに安い価格の碗ができたのであろう。一八世紀後半にはまさに全国津々浦々にまでこの厚手の染付碗が流通した。

肥前磁器とヨーロッパ世界

肥前磁器の西方への輸出

中国船からオランダ船へ

これまではマラッカ海峡の東の話に終始してきたが、肥前磁器も一六五八年以降、海峡より西に運ばれ始めたことがオランダの記録から明らかである。おそらく日本の陶磁器としては初めてのことであったろう。中国船の貿易活動は海峡の東までが中心であったが、オランダ船は西のインド、ペルシア、アラビアのモカなどに商館を置いて活発な交易活動を行っていた。この地もすでに早くから中国磁器の市場であった。アラビアの先にはオスマン・トルコ帝国が繁栄し、その陶磁器コレクションがイスタンブールのトプカプ宮殿に伝えられている。内容をみると元時代以来の龍泉窯青磁や景徳鎮染付などの一級品がひしめいている。

アジア市場への輸出

東南アジアからさらに西への肥前磁器輸出は、オランダ東インド会社が主に行ったとみられる。記録上、その年代は一六五九年以降である。オランダ東インド会社の根拠地があったインド地域にはベンガル、コロマンデル、スラッテ、マラバール、セイロンに商館が置かれていた。一六五九年の本格的輸出開始のときから、ベンガル、コロマンデル、スラッテが輸出先に入っていた。ベンガル商館へ一〇四八個、コロマンデル商館へ八七〇個、スラッテ商館へ五六〇個である。一六六〇年、スラッテ商館へは四万九七七〇個の多量に及び、一六六二年もスラッテ商館へ四万四五二〇個でいずれも碗が多い。同年にはベンガル商館へ三〇〇〇個の大中小の平鉢がある。以後も肥前磁器の重要な輸出先であった。

海外流通システム

肥前磁器の海外輸出は長崎を舞台に行われた。長崎で限られた「唐・阿蘭陀向け陶器商人」が取引を行った。天保一五年（一八四四）の「出島諸色売込株式之覚」によると、オランダ人に対して売り込む商人は寛永一八年（一六四一）には二人、承応二年（一六五三）に六人、寛文六年（一六六六）には一六人に増加する。これも輸出の需要増大のためであろう。注文生産の場合、長崎で注文を受け窯場にそれを作らせ、長崎に運んで納めた。中国船の場合、元禄五年（一六九二）以来、唐人屋敷への売り込みは寛永五年（一六二八）の規定による売り込み商人のなかに伊万里焼物商人八人が含まれている。唐人屋敷は一六八九年に竣工された後に拡張があった。ここに伊万里焼物店が当初一軒あり、宝永二年（一七〇五）の定めでは伊万里焼物商人は定数八名で店で常時売るという。

寛文二年（一六六二）に「今年ヨリ伊万里《いまり》瓷器《やきもの》商売ノ者出島ノ内ニ小屋ヲ立テ店ヲ出ス事御免有之」（『長崎実録大成』）とあり、伊万里焼物商人が出島のなかに店小屋を出して、おそらく国内向けの商品も合わせて並べて取引を行ったのであろう。実際、海外に流通している肥前磁器には注文によるものと国内向け磁器と同様のものとがある。

バタヴィアから長崎へは五・六月の南西のモンスーン（季節風）が吹く時期を選んだらしく、記録をみると、四月から七月の間にバタヴィアを出航している。長崎には主に八・九月に入港する。バタヴィアなどからの注文を長崎商館に伝え、磁器の取引をする。

フォルカー著『磁器とオランダ連合東インド会社』（前田正明訳）の一六七九年の項に、一〇月二日に出島で「今朝からオランダ向けの磁器の分類を始めている」とあり、一〇月二三日メルヴェイデ号がオランダ本国向け磁器を積んだ。この船がバタヴィアに寄港し、三月五日にオランダのジーランドに向けて出航するのである。

長崎を出港するのは秋から吹き始める東北モンスーンに乗って南下するので、主に一〇月、一一月に長崎を出港し、一一月から一月頃にバタヴィアに到着する。バタヴィアからオランダ本国に向けて直航する場合は一二月から二月頃に出港する例が多く、アフリカ南端のケープタウン（喜望峰）には一二月に出れば三月に到着する。ケープタウンからオランダ本国までは、四～六月に出港すると八～一〇月に到着するのである。

以上のようなオランダの記録からみると、オランダ本国向けの磁器の注文が直接あった場合、オランダを一月に出発すると、ケープタウン経由でバタヴィアに六月頃、長崎に八月頃到着する。磁器注文や見込み生産品の取引が行われ、分類、荷作り、積み込みが行われ、一〇月頃長崎を出港しバタヴィアに一二月着、翌年一月頃出港し、ケープタウン経由で九月頃に到着するような事例が想定できる。つまり、一年九ヵ月くらいかかるのである。

注文生産の場合、八・九月頃長崎に到着し、注文だけしてそれを翌年に来航したオランダ船が一〇月頃帰り荷として積み込み出港することも少なくない。するとさらに一年かかるので計二年九ヵ月くらいとなる。肥前磁器のオランダ本国（ヨーロッパ）への輸出はこれほどの日数を要した。オランダ本国についてからさらに競売にかけられ（顧客からの注文の場合は別であろうが）、ヨーロッパ各地に運ばれた。

トルコの場合、一七世紀後半には南西の中東側から入ってきたと考えられるのである。一六八〇年代以降、再び中国磁器の輸出が活発になり、ヨーロッパからの注文による磁器が大量に運ばれたことが、現在ヨーロッパにみる夥《おびただ》しい量の中国磁器から想像される。オスマン帝国にとってもこの一六八〇年代は重要な節目であった。つまり一六八三年の第二次ウィーン（オーストリア）包囲に失敗し、一六九九年のカルロヴィッツ条約でハンガリーの大部分を失うなど、著しく勢力を失墜《しっつい》することになり、ヨーロッパ諸国の前にオスマン帝国の後退が明白となった。そしてヨーロッパ諸国との友好につとめることになる。このようにヨーロッパ外交を重視することになったオスマン帝国に、ヨーロッパで流通していた中国と肥前の磁器が入ることになったのは容易に理解できることである。

西アジア・アフリカに流通した肥前磁器

(1)　インド

インドへの肥前磁器輸出は、オランダの記録によると、万治二年（一六五九）からスラッテ商館（五六〇個）やコロマンデル商館（八七〇個）、ベンガル商館（一〇四八個）への注文がみられ、以後も少なくない。しかし、確実な伝世例はほとんどなく、いまだにインドに輸出された肥前磁器の特質については明らかでない。一九八九年の調査の際、ニューデリーのレッドフォート城内の資料館展示品中に中国磁器に混じって二点の肥前有田窯産の染付皿があった。ムガール帝国にまつわる伝来品という。一六八〇～一七〇〇年代のものであり、ムガール帝国の宮廷に入った可能性は、製品の年代や上質の皿であることから十分考えられるものである。

（2）　中近東

アジアとヨーロッパにまたがる国際都市イスタンブール。トプカプ宮殿のあるこの大都市は当初からオスマン帝国の首都だったわけではない。オスマン家は伝説によると、中央アジアからイラン北東部に移動した一トルコ系部族の長であったといわれる。オスマン帝国は、始祖オスマンの父が西北アナトリアに土着し、オスマン没後にビサンツ帝国の都市ブルサを陥落させ、一三二六年そこを首都とした。さらに第二代オルハンの時代に陶器製イズニクタイルで知られるイズニクを一三三〇年頃に攻略し、領域を拡大していった。第五代、メフメット一世（一四一三～二一）が帝国を再統一し、第七代メフメット二世（一四五一～八一）は、一四五三年、ビザンツ帝国の首都コンスタンティノープルを攻め落とした。メフメット二世は長い歴史をもつこの都市づくりと、新しい宮殿の建設に着手。最初造営されたのは後にエスキ・サライ（旧宮殿）と呼ばれる宮殿であったが、グランド・バザールに近すぎるという理由で、現トプカプ・サライの位置に一四六五年から新宮殿

（イェニ・サライ）の建設を開始。一四七八年に完成し、以後、一八五三年にドルマバチェフ宮殿を造営し、そこに移るまで歴代スルタンの居所および政治の場としてさまざまな歴史をつくった。

トプカプ宮殿収蔵の東洋陶磁器に大形の皿・鉢が多いことはオスマン帝国あるいはアラブ地域の食習慣にかかわりがあるとみられる。ミニュアチュール（細密画）などをみても大きな皿に盛った食物をスプーンで取って食べる。わが国などとの食習慣の違いが磁器の形に歴然と現れている。仙盞瓶《せんさんびん》、あるいは水注《すいちゅう》が多いのもミニュアチュールにみられるように、生活のなかでたびたび手などを洗い清めることが重要であり、そのために金属製や陶磁器の水注が用いられた。後述するように一七世紀後半から一八世紀前半には専用の水注と、洗い使った水を受ける壺のセットが磁器にもみられるようになる。

スレイマン大帝の時代にオスマン帝国の領域は、西はハンガリー、アルジェリアから、東はイラク、イエメンにまで及ぶ、地中海世界の約四分の三を占めるに至る。そして東地中海から紅海、ペルシア湾の制海権をもつことになったが、一五世紀末のヴァスコ・ダ・ガマによる喜望峰回り航路の開拓によってポルトガルがインド洋に入り、武力でイスラム商人と争うようになる。一五六五年には遠くインドネシアのスマトラのスルタンから救援を求められ、インドのイスラム勢力もポルトガルとの争いのためオスマン帝国に助けを乞う。そこで一五三八年、大艦隊をインドへ向けて派遣した。一五七一年、レパントの海戦でオスマン艦隊がキリスト教国の連合艦隊に大敗し、領土の拡大は止まり、帝国中枢部の弱体化が著しくなる。

オランダ東インド会社の記録によると、肥前磁器の海外輸出は一六五九年のモカ向けの輸出以後、本格化し、東南アジアからインド、ペルシア、アラビアから遠くヨーロッパに運ばれたが、トプカプ宮殿所蔵の肥前磁器もこの一六五九年以降のものであり、多いのは一八世紀前半のものとみられる。さらにその内容をみると、オランダ東インド会社が喜望峰回りで本国に運び売り捌《さば》いたヨーロッパの肥前磁器と一八世紀前半のものは共通性がある。それにたいし、輸出時代初期すなわち一六五九～七〇年代に属する磁器、さらに展示室で発見した青磁大皿などは、オランダなどヨーロッパではほとんど見られない肥前磁器である。とすれば、この輸出初期の肥前磁器のオスマン帝国への搬入経路は一八世紀前半のそれとは異なる可能性が強い。そこで考えられる別の搬入ルートはペルシア湾、紅海側からのルートである。

オランダ東インド会社は一六二四年からペルシアのガムロンなどに商館を置き、中国磁器を送っていた。一六三八年の記録には、イエメンの「モカでは多量の粗製磁器が驚異的な売れゆきで、（中略）鉢と坏《はい》はたちまちにして売り切れてしまうほどの大変な需要です」とある。そして一六四〇年のモカでの取引記録に「上質の磁器カップ、とりわけ小振りのコーヒー・カップはすぐにも売れます。毎年大量に売れるこれらのカップはその大きさや径や形状が見本や普通の『ローズ・カップ』と全く同じということが条件です。というのはトルコの商人らはこの点について非常に几帳面で神経質ですから」（傍点筆者）とある。モカでトルコの商人らが中国磁器を購入していることが知られる。

さらに「粗製の磁器の中では、全寸ものや二分の一サイズの皿や鉢がよく売れますが、小皿や小振りのカップ類は駄目です」とあるが、皿の場合、全寸は口径四〇～五〇チ《セン》ほど、二分の一サイズは口径三三チ《セン》前後の大皿とみられる。このことは、前述のようにオスマン帝国などの食習慣とかかわりがあると思われ、大型の皿・鉢類が求められたことがわかる。小さいものではコーヒー・カップなどの飲用器が求められたようであり、トプカプ宮殿所蔵品中にそれと想定できる小坏《しょうはい》が多くなるのが一七世紀初頭頃からであることと矛盾しない。

また、一六四五年にモカが二〇万個の磁器を注文したなかに、コーヒー・カップに続いて、「高台《こうだい》なしの、味見皿と同じ位の大きさの小振りの平皿が五万枚でこれらはわら一本ほどの薄さの高台のあるものと、高台のないものとを半々位にとりまぜたもので、このところトルコ人の間で流行している新製品の、小振りで上質なティー・カップをのせる受皿となるものである」と書かれている。カップを受皿にのせて使うことが、一六四五年に近い頃にトルコ人の間で流行し始めたことが知られ、それをトプカプ宮殿所蔵品中にさがしてみると、高台内に「大明嘉靖年製《だいみんかせいねんせい》」の染付銘《そめつけめい》を施した口径九《チ》
《セン》の小皿が可能性のある一例としてあげられる。同様の銘をもつ同形の小皿が南シナ海で一六四三〜四六年頃に沈んだとみられるハッチャー・ジャンク引揚げ品のなかに多くみられるから、年代的にみて、この記録にある受皿の可能性が高い。ただし、肥前磁器が一六七〇年代頃から作る同意匠のカップアンドソーサーは見当たらない。

一六四七年までモカに向けて中国磁器が多数運ばれたことは記録から知られているが、以後は減少し、次に多量の磁器がモカに運ばれた記録は一六六〇年の日本の磁器二万一五六七個である。

またトプカプ宮殿所蔵品に特徴的な例を一つあげたい。それは手付の水注と洗った水を受ける壺のセットである。トルコでは金属製のものが一般的であり手足を洗い清めるのに使う。トプカプ宮殿所蔵品に中国例は多いが、いずれも一七世紀末～一八世紀初頭のものであり、肥前の壺の年代は一六六〇～八〇年代のものであり、中国製のセットより古いのである。残念ながら壺だけであり、肥前製の水注は見当たらなかったが、現在、日本国内にある手付の独特の水注がこれに該当するのではないかとすぐに思いあたった。現在二種の文様で四点が知られているが、一種の染付水注は胴部主文にイズニック陶器のタイルや皿にしばしば描かれた花盆文と似通った文様を表している。高台部に描かれた牡丹唐草文も前述のトプカプの壺と似通っており、この二つがセットで作られた可能性が高い。この種の手洗いセットは他地域で見たことがなく、今のところトプカプの例だけであり、トルコの注文で作られたのではないかと推測される。ちなみに類似の壺は有田の生産地や長崎でも出土しており、いずれも一六八〇年代より古い年代のものである。この手洗いセットに関しては有田が先に作り、中国が磁器輸出を再開してのちに受注して作ったのではなかろうか。

(3)　ケープタウン

アフリカの南端ケープタウンにオランダ人が入植したのは一六五二年からであり、オランダ貿易の中継地として町ができ上がった。まさに肥前磁器の海外輸出最盛期に入植、町建設という歴史があった。

そのためケープタウンでは年代の古い陶磁器は見られず、一七世紀末以降の肥前や中国磁器が主に出土したり、伝世しているのである。

代表的な磁器として肥前磁器の染付VOC字入り皿があり、伝世品ではグッド・ホープ・キャッスルに所蔵されているものが早くに紹介されてきた。こうした伝世品を裏付ける資料として、ケープタウンのテーブルベイに一六九七年に沈没したオースターランド号というオランダ船の引揚げ品中にVOC字入りの染付芙蓉手皿の破片が含まれていた。オースターランド号引揚げ品には他に白磁のアルバレロ形壺と角瓶がある。アルバレロ形壺は膏薬壺とみられるし、角瓶も白磁の場合、医薬用の可能性がある。ただし、ヨーロッパの伝世品中にこうした白磁角瓶にオランダで色絵付けをした例があるから、色絵素地として輸出された可能性もある。

ケープタウンの町にグッド・ホープ・キャッスルの城塞《じょうさい》がある。一六六五年に起こった第二次英蘭戦争で恐れを感じたオランダが、ケープ植民地の強化のため、一六六六年から古い要塞の二〇〇メートル東方に平面星形の城塞を築き始めた。一六七四年頃には完成し移転したらしい。城門左右にはVOCのマークが刻まれている。この城塞の発掘調査でも肥前

図18　染付芙蓉手VOC字文大皿　肥前
（進藤仁氏蔵）

の染付ＶＯＣ字入皿が出土している。出土した陶磁器は一六九〇年代以降の肥前や中国磁器が主である。

城内にはすでにわが国にも紹介されていたウィリアム・ファー・コレクションの陶磁器が飾られた建物もある。ここに有田磁器がかなりあるが、やはり染付ＶＯＣ字入り皿があり、他の金襴手《きんらんで》の有田磁器なども一六九〇年代以降、一八世紀前半のものばかりである。このようなことからケープタウンが町として発展し、東洋陶磁がどんどん入るようになるのは一六九〇年代頃からと思われる。

アムステルダムで永年、発掘調査しているヤン・バート氏によると、ＶＯＣ字入り皿はアムステルダムでは出土していないという。長崎出島和蘭《オランダ》商館跡ではたくさん出土しているから、そうだとするとＶＯＣ字入皿は会社の出先や、船で使う食器として注文されたものであろう。明末の中国磁器の影響が薄れ、欧州の貴族の紋章などを入れさせる例が多くなる時期に、会社の社章ともいえるVOCを入れさせた。この肥前の染付VOC字入り皿はオランダの東洋貿易の象徴として親しまれている。皮肉にも会社のマークを入れさせた時代は、オランダ東インド会社の斜陽化がすすんだ時代でもあった。

ヨーロッパ市場への輸出

東インド会社と肥前焼

ヨーロッパ市場に肥前磁器《ひぜんじき》が本格的に運ばれ始めるのは、一六五九年（万治二）からである。オランダ東インド会社による公式の貿易によるものは一六七九年で終わる。フォルカーによると、オランダ本国の会社のエンクフイゼン局では、一六七八年と一六七九年にエンクフイゼン（オランダ中北部の都市）とアムステルダムで競売したが磁器の利回りが悪く、その一覧表がバタヴィア経由で、一六八〇年六月に長崎商館に送られた。そこには「特に大皿が著しく、それ故にわれわれはこれ以上は大皿を注文したくはない」とある。そしてバタヴィア当局は、既契約のものは別として、今後は、当局から特別に指示しない限りオランダ向けの磁器を契約しないように望むと指令したという。

肥前磁器の輸出の段階的減退の始まりが一六八〇年代にある。山脇悌二郎氏は、「幕府の対外貿易制限つまり貞享《じょうきょう》令・正徳《しょうとく》新例の影響に因《よ》ることが大きい」とし、また清朝の一六八四年（貞享元）の展海令による貿易再開をあげている。

貞享令は一六八五年（貞享二）から施行された幕府の長崎貿易制限令である。オランダ船については輸入品の年度別売高の上限を銀三四〇〇貫に限った。内訳は長崎商館の売高三〇〇〇貫、脇荷つまり私貿易の売高四〇〇貫とした。一六七二年（寛文一二）の評価売買仕法では長崎商館売高は八三〇七貫余であったから、大幅な制限を加えられた。

一七一五年（正徳五）の正徳新例による貿易制限は取引方法の変更であった。バタヴィア当局は「大いに値上がりした漆器《しっき》と磁器の注文は止めなければならない」として、オランダ東インド会社は、一七一六年（享保元）以降、商売のために肥前磁器を買うのは止めたという。買うのはせいぜい会社の薬剤局、雑貨部やバタヴィア総督官邸用のためのものにとどめることになる。

一六八四年の展海令によって清朝の貿易が再開される。翌八五年には広東、厦門《アモイ》、舟山（浙江省）、福建《ふっけん》等を諸外国の船舶に開放した。これにより、清朝船がバタヴィアにも中国磁器を運び、オランダはバタヴィアで中国磁器を買い、オランダ本国などに運ぶ。一六九四年（元禄七）には中国船二二艘がバタヴィアに来航し四六万二三〇九個を売ったというから、一気に磁器市場の首座を肥前から奪い返しただけでなく、それまでよりはるかに多くの量の磁器輸出が行われるようになった様子がうかがえる。

ヨーロッパ市場

ヨーロッパ市場への肥前磁器の輸出は、一七世紀後半から一八世紀前半の時期に盛んであり、次に盛んになるのは幕末～明治頃である。一七世紀後半～一八世紀前半の輸出最盛期には、オランダ東インド会社によって、オランダ本国に運ばれ、そこから競売などによりヨーロッパ各地に流通した。しかし、現代の肥前磁器の所蔵状況からみても、地域すなわち国によって流通の多寡《たか》があったと推測できる。現代に出版物等で紹介されたヨーロッパで所蔵される肥前磁器数を国別にまとめたものが図19である。厳密にいえば、現在ヨーロッパにあっても、当時輸出されたのち、移動したものもあろうから、すべてを原位置とみることはできない。しかしおおむねの傾向は読み取れるものと思う。グラフは一七世紀後半、一八世紀前半に二分してまとめた。このように一七世紀末に一つの画期を設定し時期区分できるのは一六八四年以降、中国磁器の輸出が本格的に再開されたこと、オランダの公式貿易での肥前磁器の扱いが一六七九年で

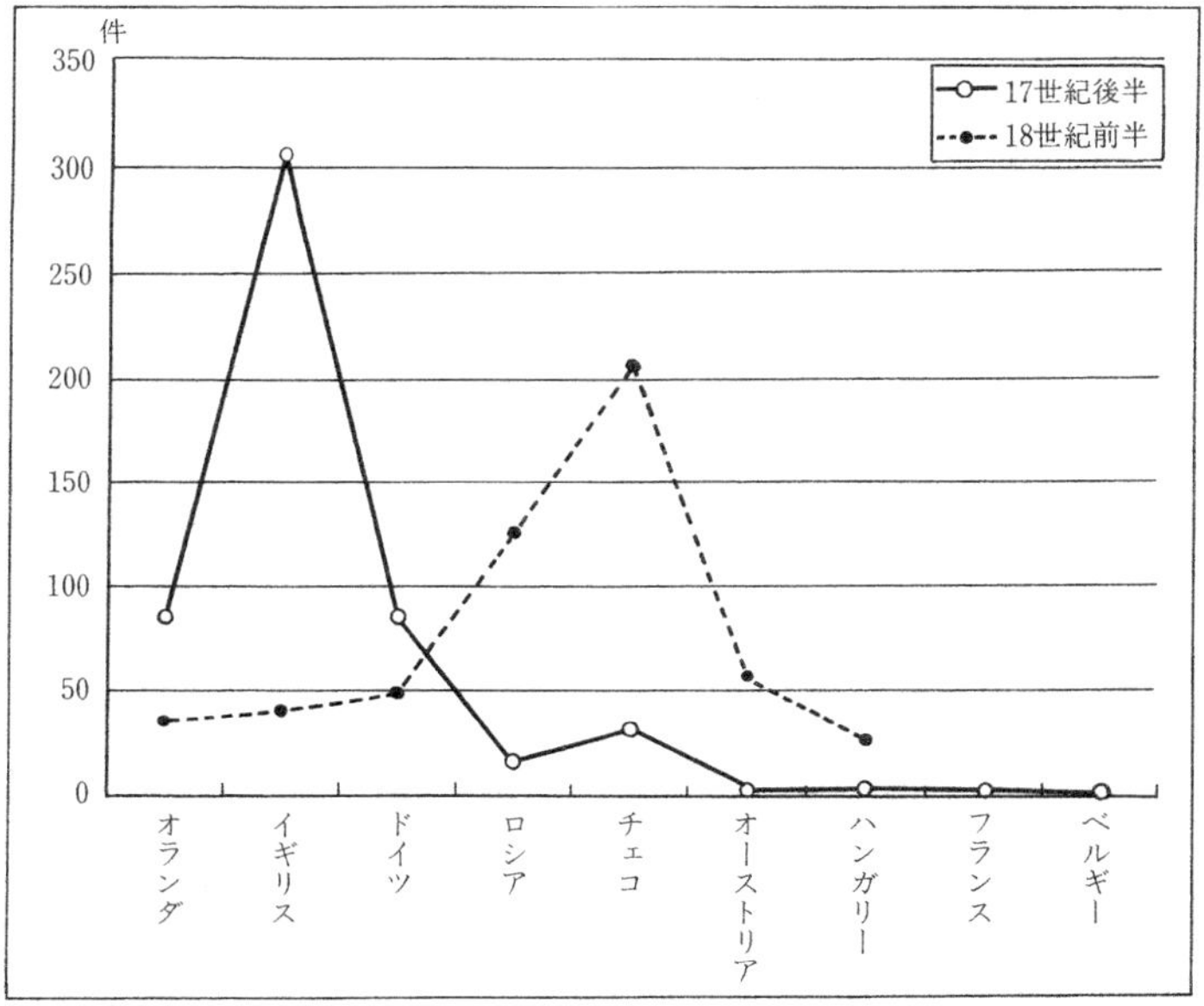

図19　ヨーロッパ所在の肥前磁器の国別・時期別数量

実質的に終わること、肥前磁器の柿右衛門様式から金襴手様式への著しい変化が一六九〇年代に進んだことがあったからである。

一七世紀後半でみると、イギリスが三〇九件（五七・一％）オランダ八九件（一六・五％）、ドイツ八八件（一六・三％）、チェコ三〇件（五・五％）、ロシア一七件（三・一％）、ハンガリー四件（〇・七％）、オーストリア二件（〇・四％）、ベルギー一件、フランス一件のように、イギリス、オランダ、ドイツに多い。これは当時のオランダとの政治的関係が反映しているものとみられる。それにたいして、一八世紀前半になると、チェコ二〇三件（三八・五％）、ロシア一二四件（二三・六％）、オーストリア六二件（一一・八％）、ドイツ四三件（八・二％）、イギリス三八件（七・二％）、オランダ三〇件（五・七％）、ハンガリー二六件（五・〇％）、とチェコ、ロシアのように東欧に多くなる。ドイツは実際はドレスデンコレクションで知られるように、この数字よりはるかに多く、おそらくもっとも肥前磁器の流通が多かったと思われる。オランダからドイツ、チェコ、オーストリア、ハンガリー、トルコへ、またドイツからロシアへの方向に多く分布する。

オランダの状況

ヨーロッパにおけるオランダからの流通を見ていく際には、ヨーロッパにおけるオランダを取り巻く政治情勢をまず見ておく必要がある。

オランダはスペインからの独立をめざして戦ったが、一六〇九年、スペインとの一二年休戦条約を締結、一六二一年からの対スペイン戦争を経て、一六四八年、スペインとの講和条約（ミュンスター条約、ウェストファリア条約）により、ようやくスペインはオランダの独立を承認した。オランダは共和制のもとで、各州が主権を握り、各州の伝統と利益を優先させた。この新興オランダにとって最初の課題はイギリス関係であった。

当時、イギリスではクロムウェルによる清教徒革命がすすみ、窮した王党派の有力者がオランダのハーグに逃れてきた。それはオランダの州総督オレンジ公ウィリアム二世の妻が英国王チャールズ一世の娘メアリ（一六四一年結婚）であったためである。一六四九年、イギリスのチャールズ一世が処刑され、共和制が成立すると、オランダはスチュアート家の再興に向けて動き、イギリスとの関係は緊張した。しかし、最有力のオランダ・ホランド州がウィリアム二世に反対し、国内対立が生じた。そのなかで一六五〇年一一月、ウィリアム二世が二四歳で急死した。一六五一年の大会議で州総督を置かないことが決定され、オレンジ家の影響力は著しく失われた。一六五一年、イギリス・オランダは合併もしくは同盟の交渉を行ったが、決裂し、イギリスは、同国への輸入をイギリスの船によるものに限るとした航海条例を発布して、オランダに挑戦し、一六五二年第一次英蘭戦争に入る（～五四年）。

貿易を重視するイギリスにとってオランダは当時最大の競争相手であった。一六六〇年五月イギリスは王政復古を果たし、チャールズ二世が亡命先のフランスからオランダ経由で帰国し国王となる。しかしなおも英蘭両国の関係は改善されず、九月になるとイギリスは航海条例をさらに強化して植民地貿易の独占をめざし、列挙品目制を新たに導入した。そのうえ、イギリスは一六六四年、西アフリカのオランダの要塞を攻略し、オランダとの攻防はさらにオランダのアメリカ植民地に飛び火し、ニュー・アムステルダムを占領し、ニューヨークと命名した。ついに一六六五年一月オランダは宣戦布告し、第二次英蘭戦争に突入した。戦況は最初こそイギリスが有利であったが、結果的にはオランダが勝利を収め、一六六七年七月、航海条例の緩和、「自由航行・自由貿易」の原則をイギリスに認めさせた。ところがイギリスは、同様にオランダをもっとも敵視していたフランスと、一六七〇年六月にドーヴァーの密約で手を結ぶ。フランスは一六六一年からルイ一四世の親政（～一七一五年）が始まり、オランダ貿易に打撃を与えるため、一六六四年・六七年に高い関税をオランダの重要輸出産品であった毛織物にかけた。ドーヴァーの密約により、オランダは孤立状態に陥り、一六七二年四月、英仏はオランダに宣戦布告する。オランダはオレンジ公ウィリアム三世を州総督に任命した。船の出港を禁止したため、貿易活動は止まり、経済は逼迫《ひっぱく》したが海戦で勝利し、一六七四年二月、第二次ウェストミンスター条約を締結した。

イギリスは、一六八八年、カトリックのジェイムズ二世にたいする危機感を抱くプロテスタント勢力の議会がオランダ総督オレンジ公ウィリアム三世に武力解放の招請状を送る。ウィリアムはジェイムズ二世の長女メアリと一六七七年に結婚しており、カトリック勢力の中心、フランスのルイ一四世にも抵抗していたからである。オランダのウィリアム三世がイギリスに上陸すると、ジェイムズ二世はフランスへ亡命し「名誉革命」が達成された。翌年、ウィリアム三世（在位一六八九〜一七〇二）とメアリ二世（在位一六八九〜九四）が共同即位した。

ロンドン郊外のハンプトン・コート宮殿はメアリ女王が居城とし、柿右衛門様式の色絵磁器などを含む有田の磁器があることで知られる。

以後ウィリアム三世は反フランス勢力のリーダーとして活躍したが、一七〇二年亡くなり、メアリ二世の妹アンが即位した。一七〇一年からのスペイン継承戦争ではフランスの強大化をおそれるイギリス、オランダ、オーストリアが対フランス同盟を結んで戦った。

このようにオランダは、一六六〇〜七〇年代にイギリスと貿易活動で激しい競争をしたが、比較的両国の交易活動は活発であったと推測される。君主間の姻戚関係も強かった一七世紀後半には、肥前磁器がかなりイギリスに渡ったようだが、一八世紀前半の肥前磁器がドイツなどに比べて少ないのが特徴である。これは中国が一六八五年、外国船が来航し貿易することを許したのを受けて、イギリス東インド会社は一六九〇年代頃から中国の陶磁器や茶を本国に輸入し始め、一七一七年から広東で中国との直接的貿易によって磁器も運び始めたためである。

これにたいし、チェコやハンガリーでは一七世紀後半の肥前磁器が少ない。その理由の第一は、政治的にボヘミア貴族は一七世紀に入るとビーラー・ホラの戦いに続くハプスブルク家の一連のプロテスタント弾圧政策によって亡命を余儀なくされたり、所領を奪われるなどして勢力を大きく後退させた。ハンガリーは一六世紀前半にオスマン帝国の侵略を受け、一五四一年には首都ブダも陥落した。こうしてハンガリー王国は三分割され、西部と北部はハプスブルク家の王を戴き、南部と中央部はオスマン帝国の支配下に入り、トランシルヴァニアは公国として、オスマン勢力と妥協しながら独立を守った。

東欧の状況

このオスマン帝国の侵略によって荒廃したハンガリーは、一六八三年ウィーン包囲に失敗したオスマン帝国の衰退により、ようやく一六八六年ブダが解放され、一七世紀末にはハンガリー地域全体が解放された。代わってハプスブルク家の支配下に入る。このように一七世紀、とくに一六七〇～八〇年代はイスラム教のオスマン帝国の実質的支配下にあり、キリスト教国との敵対関係の最前線に位置したために、オランダ本国からの流通はほとんどなかったと推測される。またこの東・中欧地域は一六世紀中葉から一七世紀前半に「農業ブーム」ともいえる活況を呈したという。

ところが、西欧が農業革命によって生産力向上を果たすと、東・中欧の農業ブームは一七世紀前半に終息した。一七世紀後半は経済的に低迷期に入る。このことがチェコやハンガリーにおける一七世紀後半の肥前磁器の少なさの理由と考えられる。

ところがハンガリーでもボヘミアでも大貴族は早くに再カトリック化し、ハプスブルク家のウィーン宮廷に傾斜する傾向が強かったという。一八世紀前半にはオーストリア・ハプスブルク帝国のもとへの流通の一環として、チェコ、ハンガリーの貴族層に肥前磁器が流通したものとみられる。

ロシアもチェコやハンガリーと同様に一七世紀後半の肥前磁器は少ないが、ロシアの場合、ピョートル大帝（在位一六八二〜一七二五）による改革と国力増大が大きな理由とみられる。ピョートルの改革は西欧に学び、政治・経済にとどまらず、ロシア古来の習慣・風俗にまで及んだ。その象徴的なものとして、髭剃りや洋服の強制がある。肥前磁器への関心はおのずから低かったろう。

イタリアも肥前磁器があまりみられない国の一つである。一七世紀後半には、三〇年戦争の後、スペインに代わってヨーロッパの覇権を握ったフランスの影響下に入り、ヴェネチアもオスマン帝国とエーゲ海のクレタ島をめぐる攻防に敗れ、一六六九年、クレタを割譲した。このヴェネチア海軍の没落はイタリアにフランス寄りの状況を生んだ。新教徒を迫害してカトリック教を強制したルイ一四世のもとで強大を誇った一七世紀後半のフランスに、新教国オランダが多くの局面で敵対したから、フランスに肥前磁器の流通が少なかったことはうなずける。さらに同じくカトリック教国のイタリア、スペインなどは宗教対立とともに政治・経済的にも国力の衰退傾向にあった。ここもまた、オランダからの肥前磁器流通は少なかったのであろう。

ヨーロッパ各国の状況

一方、ドイツは三〇年戦争（一六一八〜四八年）で疲弊し、人口もかなり減少するほどの状況におかれていた。三〇年戦争はプロテスタントとカトリックの宗教対立から始まったが、やがてヨーロッパ諸国に拡大した。三〇年戦争後、オランダはスペイン・ハプスブルク家との戦いから独立を果たし、共和国体制のもとで海外貿易で国の富を蓄えていった。フランスやイギリスも中央集権化された国力を海外貿易に投入していったが、ドイツは帝国下の領邦国家として封建的な君主にとどまったところが多い。大小の領邦はフランス、オランダ、スウェーデン、ポーランドや教皇などと同盟を結んでいたという。宗教的に新教もあり、それでいて独自に海外貿易活動をしなかったこの時期のドイツ領邦にとって、オランダは海外物資を得る重要なルートであったに違いない。

豊富な柿右衛門様式の色絵磁器を所蔵していたことで知られるヘッセン方伯はカッセルを中心とした小国であり、オランダ、プロイセン王家と親戚関係にあった。陶磁コレクションを大きくしたヴィルヘルム八世（一六八二〜一七六〇）は、一七〇〇〜三〇年頃にはオランダで軍務についていたためその間に磁器収集をすすめたと推測されている。

一八世紀前半になると肥前磁器の流通状況に変化がみられる。チェコ、ロシア、オーストリア、ドイツに多く、イギリスに減る理由は、中国磁器の輸出が再開すると、イギリスは一六九〇年代頃から直接中国との交易を行い、中国磁器を輸入したため肥前磁器の購入が激減していったと思われる。一方で、直接海外貿易のできない内陸諸国にたいしては、オランダからの流通の比重が増えたものと考えられる。

ヨーロッパに流通した肥前磁器

さまざまな種類の磁器

一七世紀後半から一八世紀にヨーロッパに流通した伊万里焼を運んだのは、オランダ東インド会社が主であった。オランダ東インド会社の記録によって公式貿易によって運ばれた内容を知ることができる。万治二年（一六五九）以降、さまざまな種類の磁器について、延宝七年（一六七九）にかけて記載がある。これを器種別にみていこう。

食器類

ヨーロッパの伝世品《でんせいひん》に碗《わん》は少ない。実際に日本で使う飯碗用のサイズの碗がどれほどヨーロッパに輸出されたかは疑問である。一七〜一八世紀頃のヨーロッパの食事は七、八寸（二一〜二四センチ）の浅い皿と深い皿を主に使い、ナイフ・フォーク・スプーンで食べる。ヨーロッパでも国によって差異はあったようであるが、古くはナイフを食卓で使う程度で主に手で食べたという。一六世紀頃になりスプーンが広まる。フォークは一五世紀末頃、イタリアではじめて使われたというが、一六世紀末のフランスでは宮廷でさえも、フォークは新しいものであったし、イギリスでは、一六六〇年以前にはフォークは用いられていないという。フォークがイギリスで一般に使用されるようになるのは、一七五〇年頃のようだ。つまり、それまではフォークでなく、指でつまんで食べた。指の汚れは食卓の上のボールで洗い、ナプキンで拭った。「現在（一七八〇～一八〇五年）でもスペインの多くの地域では、コップ、スプーン、フォークは珍しいものである」（ベックマン『西洋事物起原4』二〇〇〇）。ヨーロッパの絵画でも、一六世紀ではナイフのみが食卓に描かれているのが普通であるが、一七世紀に入ると個人用の二叉《ふたまた》のフォークが一六〇五年の絵（LEO MOULIN 1988）にみられはじめ、一九世紀には必ず描かれるようになる。このようにみてくると、一七世紀後半から一八世紀前半の肥前磁器輸出時代は、まさにヨーロッパにおいて、食事作法や食卓の内容が急速に変化し、豊かになっていった時代でもある。

つまりスープは深い皿を使い、酢・油・塩・胡椒《こしょう》・バター等を器に入れてテーブルに並べる。それに酒盞《しゅさん》である。これはヨーロッパの絵画や、一七八二年に遭難してロシアに漂流した大黒屋光太夫《だいこくやこうだゆう》の約一〇年に及ぶ漂流記に記されている。こうしてみても、日本の碗のような器は食事風景のなかではあまり見られない。使うとしたらサラダを入れたり、果物や菓子、シャーベットなどを入れることが、わずかな絵画例や現代の用途などから想像される。絵画にはスープのようなものを入れている例もみられる。また、トルコのトプカプ宮殿で染付と金銀彩の大碗の例があることは、手食が普通であった食習慣からフィンガーボールのような使い方も考えられる。

皿類

ヨーロッパの食生活では皿が主要な器であることは、ヨーロッパの絵画などから知ることができる。食卓のメインの器であるばかりでなく、果物や菓子を盛ったり、酒を飲んだり、コーヒーや茶を嗜むときの肴《さかな》などを盛る器でもあった。そのため、日本の銘々の食膳で用いるような口径一五センチ程度の五寸皿よりも、二〇センチ以上の七寸、尺皿程度の大きめの皿が中心である。日本で多く用いられたなます皿と呼ばれる深めの皿は、メインの器にはみられない。

　また、意匠を統一した大中小のものを求める傾向も強い。そのため肥前もオランダの注文を受け、サイズ違いの四種類の皿を作った例がある。代表は芙蓉手《ふようで》意匠である。日本では江戸時代に大中小の皿のサイズは、五（寸）・七（寸）・尺のように口径で表示されるが、ヨーロッパの場合、サイズは全寸、二分の一、三分の一のように体積で表示したらしい。

ヨーロッパに多く見られる皿を生産形態から分類してみよう。

(1)　注文生産によるもの

皿類には意匠などからヨーロッパ輸出向けと見られるものが、有田町長吉谷《ちょうきちだに》窯などでみられる。その代表が芙蓉手であるが、その他にも花鳥文で大中の二サイズ以上の皿がある。

(2)　見込み生産によるもの

国内向け生産のなかでおもに見込み生産を行っていたとみられるもののうちから、長崎などで選ばれて購買されたと推測できるものがある。こうしたものも伝世品に少なくなく、インドネシアの出土資料のなかにも少なからずみられるから、公式か脇荷かの別は不明ながらも、相当量の見込み生産による磁器が輸出されたものであろう。

ヨーロッパの伝世品をみると、見込み生産による皿の方がより繊細・緻密《ちみつ》な文様を描いたり、成形もより丁寧なものが多い。これは見込み生産に比べて、注文生産の場合は、長崎にオランダ船が入り、商人を通じて注文し、船が出港するまでの限られた時間のなかで製作しなければならないことも影響していると推測される。

皿の器形は総体的にみれば扁平《へんぺい》（フラット）なものが多く、大皿の場合には折縁《おりぶち》に作るものが多い。椅子に座り食卓上でナイフを使って切り分けながら食するためであろう。

小　碗　類

ここではコーヒーカップ・ティーカップとみられるものを取り上げる。コーヒー飲用はアラビアで早く、イエメンで一四五〇年頃に広まったという。オスマン・トルコ帝国の勢力下でイスラム世界に拡がり、さらに南アジア、東南アジアへと伝わる。コーヒーという飲み物の存在をヨーロッパ人がはじめて知ったのは一六世紀末である。アラビア世界を旅したヨーロッパ人が伝えたのである。しかし、ヨーロッパにコーヒー豆が流通し始めるのは一七世紀初とみられる。「コーヒーハウス」も、イスタンブールなどから、一六五二年にはロンドン、一六六六年にアムステルダム、一六七一年にパリ、一六八三年ウィーン、一六八六年にニュールンベルク、レーゲンスブルク、プラハ、一六八七年にハンブルク、一六九四年にライプツィヒなどの都市に最初のカフェが記録されているという。

このようにコーヒーを飲む風俗が流行したことによって、コーヒー豆の需要が当然増大し、一七世紀までイエメンだけがその供給地であり、モカなどから輸出されていた。一七世紀にそれを盛んに貿易商品として扱ったオランダは、一六六三年には本国に向けて定期的に運び始める。オランダ東インド会社は一六八〇年、インドネシアのジャワでモカから取り寄せたコーヒーの苗木によってコーヒー栽培に着手した。ジャワコーヒーの誕生であり、一七一二年、最初のコーヒーがオランダ本国に運ばれた。

オランダの記録上、コーヒー用とわかる肥前磁器碗の初見は万治二年（一六五九）のモカ商館への磁器にみられ、「コーヒー碗八九一〇個」、内訳は「足付き三一〇五個、足なし二九七〇個、染付（外側、全面青色）二八三五個」とある。この「足付き」「足なし」が普通の高台《こうだい》の有無を指すのか、それとも高足坏《たかあしはい》のようなものと普通の高台の碗の区別なのかは明らかでないが、考古資料や伝世資料をみると後者の可能性が高いように思われる。

図20　色絵花卉文碗・皿　肥前・有田窯
（USUI COLLECTION）

その意味で、万治三年（一六六〇）のスラッテ商館向けの「碗四万九七七〇個」、内訳「染付二七六〇個、染付一五六〇個、足付き六二一〇個、足なし三万二四〇個、八角形九〇〇〇個」もコーヒー碗の可能性が高い。天和元年（一六八一）にペルシア商館の注文らしい「コーヒー碗三万個」をバタヴィアに運ぶと記されるが詳細の記述はない。「足付き」のコーヒー碗が高足坏のような器形とすれば、長吉谷窯出土品にみられるものがもっとも可能性が高い。

トルコではコーヒーカップは磁器であるが、裕福な人々はそれを小さな銀のホルダーに入れて用いたという。この銀のホルダーが高足形に作られたものがみられるので、この銀の高足形ホルダーに入れた状態のカップ全体を磁器で作ったものを注文したことが推測される。トルコのミニュアチュール（細密画）にも高足坏の足部分を持った給仕が描かれたものがある（九州陶磁文化館『トプカプ宮殿の名品』一九九五）。その後こうした高足坏の例としては、色絵の例がイギリスのバーレイ・ハウス所蔵品に二例ある。一六七〇～九〇年代のものであり、足なしとするのは、足付きと同意匠で普通の高台のものであろうか。

この頃のコーヒー碗は小形であったと考えられる。コーヒーはトルコからヨーロッパに流行した。初見のモカ商館向け肥前磁器コーヒー碗は、紅海まで勢力下におさめていたオスマン・トルコ帝国のトルコ商人に主に売り捌《さば》いたのであろうから、オスマン帝国向けと考えてよい。そのため、トルコのトプカプ宮殿所蔵品のなかで、コーヒー用の碗の記録が多くなる時期の中国磁器、肥前磁器で急に増えるのが口径七〜八チセン、高さ四・五〜五チセン程度の小碗である。今でもトルコではトルココーヒーは小さなカップで濃いコーヒーを少量飲むが、ヨーロッパ人が書いた中近東への旅行記によると、コーヒーについて、人々は広場で車座になり、小さな磁器のカップで飲むと記している（『コーヒーという文化』一九九四）。一七世紀初のミニュアチュールにトルコの宮廷で給仕が捧げ持つカップも小さい碗に見えるから矛盾はしない。トプカプ宮殿所蔵品には中国景徳鎮窯《けいとくちんよう》のコーヒー碗とみられる小碗は多いが、その図録のなかにどうみても肥前とみられるものが四種類ある。実見できなかったが間違いないと思われる。一六六〇〜七〇年代頃のものと思われ、正しければオランダの一六五九年の輸出記録に該当するものが含まれているかもしれない。

前述の一六五九年の記録の「外側全面青色」というのも、外面に瑠璃釉《るりゆう》を施した小碗があるから、コーヒー碗とみてよいであろう。口縁部外反《そとぞ》りの小碗が多い。高足坏も口縁部外反りであり共通する。高足坏は一六四〇年代から国内向けに多く作られる仏飯器《ぶつぱんき》に似るが、坏部の形が大きく異なる。このような深めで口縁部外反りの器形の高足坏は長吉谷窯で見られるだけである。一時期だけ輸出用に作られたのであろう。

コーヒー碗に同意匠の受皿（ソーサー）がつくようになるのは、今のところ一六七〇〜

九〇年代頃に始まると思われる。アラブ人は同意匠の受皿は使わなかったと考えられるが、のち一八世紀に入ると逆にヨーロッパからの影響があり、そのためトプカプ宮殿所蔵の一八世紀の中国磁器などに例がみられる。

一六六八年のロンドンのコーヒーハウスを描いた絵画（『週刊朝日百科世界の歴史69』一九九〇）には受皿はなく小さい碗が描かれ、クレイパイプとコーヒーをたしなみながら談義に花を咲かせている上流階層の男たちが描かれている。一六七一年の絵（LEO MOULIN 1988）にも受皿はない。それにたいし、コーヒー碗用のソーサーの初見は今のところ、フランスのニコラス・ド・ブレニュイがホット飲料について著した『茶・コーヒー・ココアの利用について』（リヨン、一六八七年）にトレーにのった受皿付きのコーヒーカップが描かれたものである。次は一六九八年のコーヒーの広告（LEO MOULIN 1988）に受皿付きのコーヒーカップが描かれている。碗の上にクレイパイプがのせられた図であり、コーヒーとクレイパイプはコーヒーハウスなどに集まる男たちに人気があったのであろう。受皿付きのカップの早い伝世例としては、バーレイハウス所蔵品に染付花貝山水文《はなかいさんすいもん》の例がある。一六七〇〜九〇年代である。同じ頃の色絵の例は、アシュモリアン博物館に菊文や唐花唐《からはなから》草文《くさもん》を描いたもの、菊花形に型打成形したものがある。これよりやや後出の洋風景文を描いた染付碗と皿のセットがバーレイハウスに伝世している。同様の装飾のティーポットがアシュモリアン博物館にある。一六八〇～一七〇〇年代。色絵では、十角に型打成形された碗と皿で婦人虫籠文を描いたものがバーレイハウスにある。一六八〇～一七一〇年代。一六九〇～一八世紀前半には例は多い。色絵中心である。

ヨーロッパでのコーヒーの流行にはコーヒーハウスが大きな役割を果たした。ロンドンに一六五二年、一軒のコーヒーハウスが誕生し、たちまちのうちに増え、一六八三年には三〇〇〇軒、一七一四年には約八〇〇〇軒に達したという。コーヒー、ココア、紅茶等の非アルコール飲料がヨーロッパで流行する前、人々はビールなどのアルコール飲料を日常的に大量消費していたという。それがピューリタン（清教徒）革命のイギリスで嫌われ、アルコールに代わる飲料として急速に受け入れられた。このように流行《はや》ったコーヒーハウスも一七三九年には五五一軒に減り、一八世紀の半ばには衰退する。その原因はさまざま考えられているようだが、イギリスでは紅茶に代わっていく。

こうした生活スタイルはヨーロッパの国々のなかで少しずつ違いがあり、フランスではカフェとカフェ・オ・レという新しい飲み方が普及していくし、ドイツなどはビール需要が主流であることが続くなどである。したがって一概には言えないわけだが、新しい飲み物などの流行でその器としての磁器の需要が生まれた。

チョコレートカップ

一七世紀後半からヨーロッパで流行った飲み物として、コーヒー、紅茶とともに、チョコレートがある。チョコレートはスペイン人が南アメリカから一七世紀に持ち込み、スペイン王フィリップ二世の娘アンヌ・ドートリッシュがルイ一三世（在位一六一〇～四三）に嫁いだとき、フランスにも入る。チョコレート用のカップは絵画などから考えると、コーヒーやティーのカップより深めに作られたものである。この器形の碗は中国・景徳鎮の一七世紀前半の例が、一六四三～四六年沈没とみられるハッチャージャンク引揚げ品にある。肥前でも一七世紀末～一八世紀前半に、受皿付のこの深めのカップを作った。肥前製のカップには把手《とって》はなかったが、一七四五年売却の「チョコレート・ガール」というスイスの画家による絵画に把手付きの深めの碗が描かれている。

オランダ・ハーグ公文書館にある一七五八年の広東商館の記録に、四種のチョコレートカップのデザインが描かれている。中国への磁器注文のための図であろう。このうちの一つの絵に近い把手付きのチョコレートカップとソーサーが、ゲルダーマルセン号引揚げ品にみられる。これは一七五一年にシンガポール沖で沈没したオランダ船である。この沈船引揚げ品にはコーヒー、ティー用のカップとソーサーも多数あり、それには把手は付かない。とすると、この時期でも把手が付くのはチョコレートカップが主であったのかもしれない。一七一七年以後、イギリス東インド会社は広東を通じて盛んに中国磁器の買い付けを行ったという。そのなかには把手の付いたチョコレート用碗、受皿と組みになったティーカップ、ティーポット、ミルク入れ、砂糖入れなどが特別注文されたという。一八世紀の中国磁器では把手付きのカップが作られヨーロッパに多く輸出されたが、肥前のカップで把手付きはみない。把手を付けると焼いた時にゆがみやすいという技術的問題もあったであろうが、把手付きのカップが一般化していく一七四〇年代頃には肥前磁器の輸出は衰退していたのであろう。

ティーカップ

東洋の茶がヨーロッパ人に認識され始めたのは一六世紀からとみられる。そして一七世紀初めからヨーロッパに茶が輸入され始める。最初にこれを運んだのは一六一〇年、オランダ東インド会社の船が、日本の平戸からインドネシア・西ジャワのバンテンを経由して運んだという。これは緑茶に違いない。こうしてオランダは一七世紀初めには日本の緑茶を少し輸入した。しかしやがて中国から輸入するようになるが、おもにバタヴィアで中国商人から買い入れて運んだ。一八世紀初めまでは紅茶より緑茶が多かったという。

紅茶といえばイギリス人がもっとも好んだ飲み物であるが、茶がイギリスに入ったのはオランダ、フランス、ドイツに入ったのと同様の一六三〇年代中頃にオランダから入ったと考えられている。しかし一般に市販され始めるのは一六五七年、ロンドンのコーヒーハウスであった。コーヒーハウスからしだいに家庭のなかに入っていき、一七世紀末頃には上流階層の飲み物として普及していった。ちょうど肥前磁器が盛んに輸出されている時期であった。イギリス東インド会社も最初はおもにバンテンで中国船から買い付けたが、一七一三年までに広東で貿易する権利を確保し、一七一七年から中国と直接の茶取引が始まる。初めは緑茶の割合が高かったが、一八世紀のうちに、しだいに紅茶中心となる。

一七〇一年、アムステルダムで上演された劇に『ティにいかれた御婦人たち』という喜劇があり、茶会に招かれた客たちが、「茶を茶碗で飲んだのではなく、わざわざ茶をいったん茶碗から受皿に移して、そのお皿の茶を音をたててすすったのである。こうして音をたてて飲むのは、結構な茶を供してくれた主人への感謝の表現法」だというのである（角山栄『茶の世界史』一九八〇）。確かに一八世紀前半頃の絵画でも受皿から飲んでいる様子が描かれた例がある。

一七七三年とする絵画に、貴婦人三人が円卓を囲み、サモワールで湯を沸かし、ティーポットから受皿付きの手付きカップに茶を注いでいる様子が描かれている。こうして一八世紀後半以降、手付きのティーカップが一般化していくのであろう。

ティーポット

ティーポットとしてヨーロッパに輸出された東洋陶磁には、一七世紀前半、明末の景徳鎮の染付磁器や宜興窯《ぎこうよう》の無釉炻器のものが多い。一六三七年、オランダ東インド会社の総督からバタヴィアの商館長宛ての手紙に「茶が人々のあいだで飲まれはじめているので、すべての船にその積荷には日本茶のほかに中国の茶びんを手配して欲しい」と記されている（角山栄『茶の世界史』一九八〇）。この明末の中国のティーポットの器形をみると、一六四三～四六年沈没のハッチャージャンク引揚げ品に染付水注の上部に弦状でコの字形の把手を貼り付けたものもあるが、ティーポットとしては注口の反対側に把手を縦方向に取り付けた水注が大小一二種紹介されている。このハッチャージャンク引揚げ品以降、一六七〇年代までは中国磁器の例も知らない。肥前磁器でこれと同様に注口の反対側に把手を縦方向に取り付けた水注の早い例は、ドイツ・ヘッセン州立博物館やイギリス・アッシュモリアン博物館にある一六七〇～九〇年代の色絵の菊花形に胴部を作るものや少し大きめの花形に胴部を作るものがバーレイハウス所蔵品にある。

色絵の菊花形のティーポットと同形の染付花鳥文ティーポットがオランダにある。肥前磁器では、一八世紀前半になるとこのタイプのティーポットは多く作られる。この時期、中国では景徳鎮窯とともに、宜興窯の紫泥や朱泥のティーポットが多く輸出されたから、それらの器形の影響を受けたものもみられる。

肥前の水注には、上部に弧状の把手を作りつけたものは一七世紀後半からあり、日本では銚子《ちょうし》と呼び酒をつぐものであった。一六九〇年代沈没と推測されるブンタウカーゴ引揚げ中国陶磁のなかに染付のティーポットがたくさんある。それには上部に弧状の把手を貼り付けた水注と、注口の反対側に縦方向の把手を貼り付けた水注の二種の器形があり、報告では両方ともティーポットとする。ヨーロッパでこうした器形の水注がティーポットとして使われることもあったのであろう。

コーヒーポット

コーヒーポットもオランダの注文により、肥前磁器が中国磁器より早く作ったと考えられる。しかし、輸出初期の例は文献史料にもなく、伝世例でもっとも早いと考えられるのはドイツ・ドレスデン宮殿所蔵の染付の例である。足は付かず、注口の反対側に把手が付く。一六七〇～九〇年代であり、前述の注口の反対側に把手が付くティーポットと似た時代に作られ始める。ただし、ティーポットの方は中国磁器がすでに明末に作っていたのにたいし、コーヒーポットの方はそれとわかるタイプはない。裾広《すそひろ》がりの筒形のコーヒーポットはイギリス式という。一六五二年以降、イギリスのコーヒーハウスからヨーロッパでのコーヒーが流行り始めたことを示すのかもしれない。この形は絵画史料をみると金属器のようである。直接火に掛けて暖めたりしたものと考えられる。トルコのコーヒーポットとは違った器形の注器であった。トルコではこれをイブリックといい、洋梨形の胴部に注口と把手が付く。

肥前のコーヒーポットは一六九〇年代頃から多くなり、一八世紀後半にかけて多様なものが作られた。色絵が多いが早い時期の例は染付であり、ドレスデン宮殿のほかアシュモリアン博物館、チェコにある。一八世紀には中国・景徳鎮窯のコーヒーポットもイギリス東インド会社が広東を通じて多数注文輸出した。一七八六年にオランダ東インド会社が注文した絵（香港芸術館『中国外銷瓷』一九八九）も残されている。

図21　色絵窓絵鯉文手付水注　肥前（USUI COLLECTION）

酒器

オランダの記録で酒器とわかる肥前磁器の早い例は、万治二年（一六五九）見本の新磁器に「葡萄酒ジョッキ一四個」とある。また同年「酒を温める鍋」とある。寛文二年（一六六二）のオランダ本国向けに「ビール・ジョッキ計三四六個」として、「染付二七二個、色絵（金・銀彩）七四個」があり、また延宝元年（一六七三）オランダ本国向けに「ビール・ジョッキ一〇〇〇個、ワイン・ジョッキ一〇〇〇個」とある。延宝五年（一六七七）オランダ本国向けには「ビール・ジョッキ（大小）九五二個、ワイン・ジョッキ（大小）九五二個」がある。

このように輸出初期に酒器が多い。葡萄酒ジョッキ（ジョッキは和製英語のため、以下「ジャグ」とし、注ぎ口が付く）、ビール・ジョッキ（普通注ぎ口がなく「ビヤマグ」とする）の器形のもとは、ヨーロッパの塩釉炻器《えんゆうせっき》、デルフト陶器や金属製の手付瓶がある。当時のヨーロッパでは酒といえばビールとワインであった。ヨーロッパの絵画などを見ると、それを樽から瓶などに小分けするが、ビールの場合、ワンタッチ開閉式の蓋付きマグに入れ、それから直接飲んだり、杯についで飲んだらしい。

ワインの場合、コルクなどの栓が付けられる瓶（ガラスや陶磁器、金属などで作られたもの）に入れて、そこから杯についで飲むのが普通だったように思われる。ただし、柔軟で強靭《きょうじん》なコルクを瓶の密栓として利用し始めたのは一七世紀末頃という。このコルクによってワインは一八世紀に入ると市販するために瓶詰めされるようになる。それ以前はワインの樽やワイン保存容器をピッチ（タールの蒸留物で黒色のねばねばしたもの）や粘土、陶土で塞《ふさ》いだりした。コルクがあるにもかかわらずピッチを用いた理由としては「昔の人たちがワイン用に口の広い陶土製の容器を使っていたので、コルクで栓をしても十分に密封することができなかったため」（ヨハン・ベックマン『西洋事物起原2』一九九九）と推測されている。コルクの栓はガラスの瓶がワイン用に使われるようになってから用いられたためであろう。それまでは「そのときどきに必要とする量のワインを大きな壺から杯または水差しに注いだ」。LEO MOULIN 1988 収載の一三一〇年の絵には宴会の脇の机に並んだ壺に樽から移し、さらにこの壺から手付水差に注いでいる様子が描かれている。

同書収載、一六六〇年のアムステルダムの居酒屋の様子を描いた絵には、ライン地方産とみられる塩釉炻器の手付水注を持った女がグラスを持って酔った男の間を注いで廻っている様子が描かれる。ワインであろう。この手付水注の器形は肥前磁器の染付紋章文水注などに共通する。またこの絵には別に塩釉炻器の把手付きジャグもテーブルの上にみられる。ビールを飲んでいるのであろう。断面撥《ばち》形《がた》のマグであるがこの器形の中国・景徳鎮の

図22　染付岩花鳥文手付水注
（佐賀県立九州陶磁文化館蔵）

崇禎《すうてい》期（一六二八～四四）頃の例（タンカードという）はある（フォルカー〈T. Volker, 1954, PL. 9〉が、肥前磁器のタンカードはない。形態はコーヒーポットにあるだけである。ヨーロッパでは金属器が元にある。LEO MOULIN 1988収載、一六六〇年の宮殿の食事風景に塩釉炻器の手付水注からグラスに注いで飲んでいると見られる様子が描かれる。同じような器形の手付水注は唐人文手付水注（アシュモリアン博物館蔵、一六六〇～七〇年代）がある。同書収載、一六六五年のアムステルダムの居酒屋風景の絵にも塩釉炻器の手付水注が床に置かれ、酔った男が金属製の手付水注を抱え、手にはグラスを持って飲んでいる姿が描かれている。同書収載、一六五八～六〇年の「牡蠣《かき》を食べる少女」の絵には少女が牡蠣を食べている脇にデルフトの青絵花鳥文手付水注とグラスが置かれている。同様の肥前染付はアムステルダム個人蔵（一六六〇～七〇年代）にある。ワインを飲みながら、この頃パリなどでも好まれた牡蠣を食べている。一一月以降の牡蠣のシーズンには、ノルマンディーの海岸から大量の牡蠣がパリに運ばれ、牡蠣売りの女の脇に貝殻の山ができるほど食べたという。同書収載、一七三四年に描かれた宴会の絵でも大勢が牡蠣を盛んに食べながら、グラスでワインと思われる酒を飲んでいる。ここではもうガラス瓶からワイン（かシャンパン）を注いでいる。

ビールと見られるものは、同書収載、一五六六年に描かれた絵では屋外でテーブルを囲んで飲む人々が炻器の手付マグ（大小いろいろな形状あり）で直接飲んでいる様子が描かれる。他の絵から考えても庶民の普通の姿のようである。同じく一六五八年の絵では塩釉炻器の髭徳利のような形の手付水注、つまり下膨れの大きい水注と、グラスにビールを注いで白い泡が上部に描かれたものがある。

ワイン（葡萄酒）とビールの歴史は古く、紀元前にメソポタミアやエジプトに始まるとされる。聖なる血と讃えられた果実酒・ワインの醸造は紀元前一世紀頃までにヨーロッパ全域に広まった。ビールは各家庭でも醸造され、ホップを用いたビールは一四世紀頃以降、ドイツあたりから盛んになり、オランダ、イギリス、スウェーデンなどに広まるという。イギリスでは一六世紀以降ホップ入りのビールが普及していくが、北ヨーロッパ中心のアルコール飲料であったビールは、フランス人には貧しい人の飲み物と映っていたという。

イギリスでも上層市民はワインを、庶民はビールかエールを日常的アルコール飲料とする傾向があったという。ビールは絵画のなかでも炻器質の手付マグから直接飲む庶民や、一七世紀の絵画のように炻器質の把手付瓶（しばしば髭徳利）からガラスの杯に注いで飲むことも行われたのであろう。肥前磁器のビヤマグは高級品に違いないから、上流階層の間で使われたのであろう。

オランダの記録では、一六五九年、葡萄酒ジャグ一四個、一六六〇年、葡萄酒マグ二五個がみられ、以後、消えるのにたいし、ビヤマグの方は一六六二年、染付二七二個、色絵（金銀彩）七四個、一六七三年、一〇〇〇個、一六七七年、大小九五二個の、以上すべてがオランダ本国へ輸出された。つまり、東南アジアや西アジア市場向けにはみられない。また、葡萄酒ジャグとビヤマグとの年代的ずれがあること、ビールの方は一六七〇年代に増えたことに注意すべきであろう。

LEO MOULIN 1988 収載、一六五八〜一六六〇年の絵画「牡蠣を食べる少女」に描かれたデルフト陶器（伝世例は Frits Scholten 1993, p. 111）のワインジャグに類似の肥前染付水注は、一六五〇年代末〜六〇年代と考えられるものにあり、同形の瑠璃地金銀彩水注もある。これらは高台を八字形に開く形状に作る。染付でヨーロッパ貴族の紋章を入れたものもあり、紋章入りの肥前磁器のもっとも早い例でもある。ワインを入れ、このジャグからグラスに注いで飲んだのであろうし、食卓を飾る重要な一員であったと考えられる。それが一六七〇年代の注文にはみられず、実際、肥前磁器の八字形の高台の手付水注は姿を消してしまう理由は何であろうか。

一六八四年以降、再び磁器輸出を本格化させる中国磁器にもこの器形はみられない。ワイン容器がコルクによる密栓を始める一七世紀末頃からガラス瓶を用いるようになり、一八世紀の絵画などからもガラス瓶からグラスに注いで飲むようになることと関係があるのではなかろうか。市販ができ、瓶詰め後の熟成などワインの質が高まっていくことになるためのように思われる。

葡萄酒ジャグをガラス瓶に譲ったオランダの磁器貿易はビヤマグに向けられたのか、一六八一年銀蓋付の肥前染付手付水注を代表として一六六〇～八〇年代頃の染付や色絵のビヤマグと思われる例は少なくない（ロンドン個人蔵）。別に口縁部を筒形に作る手付水注も少なくない（アシュモリアン博物館蔵）。さらに一六八一年銀蓋付とほぼ同形の色絵は、一六九〇～一七三〇年代の間にもみられるほか、この時期には新たに、塩釉炻器の器形を元にしたと考えられる染付や色絵の手付水注がある。この器形のマグも早い例はオランダ・

ハーグ市立美術館所蔵「染付人物文水注」があり、一六七〇〜八〇年代と考えられる。また、一六八四年以降は中国景徳鎮の色絵磁器も盛んにビヤマグ（タンカード）を輸出したと考えられる。一七五二年沈没のゲルダーマルセン号引揚げ品に筒形に作られた色絵手付マグ（タンカード）がある。中国磁器の場合、イギリスが広東を通じて取引したものが多いのであろう。

調味料入れ

調味料入れとしては、記録上、塩入れ、芥子《からし》入れ、ソース入れ、バター入れが早くにみられる。

(1)　塩入れ

万治二年（一六五九）のオランダ本国向けに「卓上用塩入れ一〇個」、見本、新磁器として「卓上用塩入れ三〇個」、ベンガル商館向けに「卓上用塩入れ二個」、寛文二年（一六六二）、オランダ本国向け「卓上塩入れ一七三個」、寛文八年（一六六八）、トンキン商館向け「卓上用塩入れ四個」とある。

塩入れはヨーロッパの一六世紀の絵画には、すでに三足付のものや背を高く作った金属製かと考えられるものが、食卓の中央に描かれている。背の高いものばかりでなく、ゲオルグ・ブリューゲル（一五六四〜一六三八）の絵には背の低い三足付の塩入れが食べる者の手近かに置かれている。金色であり、金属製であろう。白い塩が丸く盛られている状態が描かれている。

当時、塩は食材の保存だけでなく、食事の際の重要な味を調えるものであり、パリでは塩の専売が王家の主要な財源であった。わが国でも手塩皿と呼んで重要な食膳の調味料であったのと大差ないかもしれないが、器は異なる。

現在、肥前磁器で比較的古い塩入れはイギリス・バーレイハウス所蔵の色絵梅樹牡丹唐《ばいじゅぼたんから》草文《くさもん》（一六七〇～九〇年代）の例、柴田コレクションの染付塩入れ（一六八〇～一七〇〇年代）、ロンドン個人蔵の染付花唐草文塩入れ（一六八〇～一七一〇年代）である。それ以前の年代の記録にみえる塩入れはどのようなものであろうか。デルフト陶器の一七世紀とされる白釉陶器にも絵画中の金属製と考えられる三足付の塩入れなどのほか、小壺形で口を花形に作るものがある。いずれにせよ肥前磁器で一六五九年から六〇年代に該当する塩入れはみられない。肥前磁器の塩入れの伝世例が多いのは一六九〇～一七三〇年代である。ドレスデン所蔵色絵調味料入れセットのなかにあり、アシュモリアン博物館やチェコの色絵は三足付で大小がある。一六二〇～一七〇二年の絵画（Colin Sheaf & Richard Kilburn 1988）にも、同様の形の金属製三足付き塩入れが見られる。中国磁器も一六八〇年代以降と考えられるものが多く（江戸東京博物館一九九六の図一―一二二）、一七五二年沈没のゲルダーマルセン号引揚げ品に染付の塩入れがある。

（2）　芥子入れ

万治二年（一六五九）オランダ本国へ「卓上用芥子《からし》入れ一〇個」「見本、新磁器、卓上用芥子入れ三〇個」、ベンガル商館へ「卓上用芥子入れ二個」、寛文二年（一六六二）オランダ本国へ「卓上用芥子入れ一七三個」、寛文八年（一六六八）トンキン商館へ「卓上用芥子入れ四個」とある。

芥子（マスタード）入れは、ヨーロッパの一七世紀のファイアンス陶器でも把手付の足付小壺形に作られたものを呼んでいる。同様の器形のものが一七世紀のヨーロッパ絵画（Weber 1989）の食卓に描かれ、ワンタッチ開閉式の蓋が開き、中にスプーンのような柄がのぞいているから、確かにマスタードポットなのであろう。一六四三年の絵（LEO MOULIN 1988）の食卓にはやはり骨付きハムとともに、塩釉炻器の把手付小壺が描かれ、金属製の蓋が付きスプーンの柄がのぞいているからハムにつけて食べたことが推測できる。磁器では中国・景徳鎮磁器の例が一六四三～四六年沈没のハッチャージャンク引揚げ品にみられ、蓋付のものもある。肥前磁器で同様の器形のものをさがすと、アシュモリアン博物館蔵染付牡丹唐草文手付壺がある。蓋付であり、一六六〇～七〇年代とみられ、一六五九年、一六六二年の記録の時期にあたるものとみてよい。アシュモリアン博物館には色絵例もある（一六八〇～一七〇〇年代）。一七〇〇～三〇年代の色絵調味料セットに高い足はつかないが、把手付で口部にスプーンをさしておける蓋付の色絵把手付小壺がみられる（オーストリア・ホーフブルク宮殿所蔵）。

(3)　ソース入れ・油入れ・酢入れ

ソース入れは万治三年（一六六〇）台湾商館へ「卓上用ソース入れ五〇個」、延宝元年（一六七三）オランダ本国へ「卓上用ソース入れ九四〇個」とある。

S字を染付した手付水注がアシュモリアン博物館とドレスデン宮殿にある。両方とも一七〇〇～三〇年代。アシュモリアン博物館の例は酢のA字を染付したものと同形セットであり、酢入れと同形の場合があったと考えられる。

食用油入れと酢入れは、寛文八年（一六六八）トンキン商館へ「卓上用の食用油入れと食用酢入れの瓶各一個のセット四組」とあり、「卓上用芥子入れ、同塩入れ」も四個とあるから、この四種の卓上用調味料入れはセットの可能性がある。伝世品で柴田コレクションに染付の盆の上に四種の調味料入れを据えるセットがみられる。ただしこの例は胡椒《こしよう》入れと考えられるものがある。「卓上用胡椒入れ」も一六六三年に塩入れとセットになったものが、オランダ本国へ五五個輸出された記録がある。

胡椒入れは、ヨーロッパ絵画（一六〇六〜八四年）に金属製のものが描かれた例がある。食用油、酢を入れる容器のセットは寛文一〇年（一六七〇）ベンガル商館向けに一二個輸出している。油入れの器形については少し後の一七〇〇〜三〇年代のO字入りの色絵手付き水注がある（伊万里市教育委員会蔵）。細い注口が付くこの種の器形の手付き水注は一六七〇〜九〇年代にも染付の例がかなりみられる（チェコ・プラハ国立美術館やドイツ・ヘッセン州立博物館、オランダ・プリンセスホフ博物館、イギリス・アシュモリアン博物館蔵）。油入れとセットで注文記録される酢入れの器形については、酢のAsijnの頭文字かと考えられる「A」を染付した小型の手付き水注がある。一六七〇〜九〇年代であり、把手と直角の位置の口部に注ぎ口を嘴《くちばし》状に作る。しかしドレスデン宮殿博物館所蔵の調味料セットにある「A」字入りの水注には細い注口が胴部に付けられる。となると、油入れと酢入れには器形的に大きな違いのないものがあることも考えられる。いずれにせよ東洋の磁器で盃付きの調味料セットという形ができ上がるのは肥前磁器が最初とみられ、一七世紀の絵画までみられない。

(4)　バター皿

バター皿はオランダの記録には、万治二年（一六五九）オランダ本国向けに「バター皿八三〇個」、内訳として「白磁（深形）一四〇個、染付（深形）一〇〇個、色絵（赤・緑、淡彩）一〇〇個、色絵（青・赤金彩）九〇個、色絵（縁反返）四〇〇個」とある。山脇氏の注に「boter piering はイギリス人のいう butter dish であって、いわゆる見込みが深く、むしろ壺形の diep なものである」と記されている。

万治三年（一六六〇）オランダ本国へ「卓上用バター入れ一九三〇個」、内訳は「染付六〇〇個、色絵（赤・青文）一六〇個、色絵（扇子形、青・金彩）四〇個、色絵（赤・銀彩文）一六〇個、色絵（縁が赤と緑）三四〇個、色絵（青・金彩）六〇個、色絵（青・黒・銀彩）三〇〇個、色絵（内面、赤・銀彩）八〇個、色絵（青・銀彩）六〇個、色絵（赤・緑文）四〇個、色絵（波文、金彩）九〇個」とある。「染付バター入れ箱一七〇個」について、山脇氏は注で「boter dos（doos）バター皿に配るバターを入れてテーブルにまで運ぶ箱」という。

ゲオルグ・ブリューゲル（一五六四〜一六三八）の絵に食卓上の中国景徳鎮の皿（おそらく口径は二〇〜三〇ｾﾝﾁ《チ》ほどだろう）にバターとみられる黄色みを帯びた塊が盛られ、手前の金属の大きい皿の上に切ったパンにバターが塗られ、脇にパンを切ったり、バターを塗ったナイフが置かれている。一六六四年以前とみられる絵（Alan Chong, Wouter Kloek 1999）にも景徳鎮の染付芙蓉手折縁大皿にバターが盛られ、バターが塗られたパンが脇に置かれている。別の絵では金属製大皿の上の大きなチーズの塊の上に、小さな金属製の折縁皿にバターが盛られている。こうした絵画に描かれた景徳鎮の皿からみると、バター皿を皿類の中から特定することは困難である。

しかし肥前磁器が輸出される一七世紀後半には、記録から深形のそれほど大きくない皿が想定できる。記録には注文量も多いことから、例えば、染付や色絵で芙蓉手の一種である名山手皿（アシュモリアン博物館）などがあげられる。

文房具

文房具にはインク壺（砂入れ）、香炉などがある。

(1)　インク壺（砂入れ）

万治二年（一六五九）オランダ本国向けに「インク壺一〇個」「見本、新磁器　インク壺一〇個」、ベンガル商館へ「インク壺（四角）四個」、万治三年（一六六〇）オランダ本国へ「インク壺一〇〇個、インク壺置き台一二〇個」、寛文二年（一六六二）オランダ本国へ「インク壺、色絵（緑・赤）八〇個、染付一五〇個、染付（淡色）一三九個、色絵（金・銀彩）三〇七個」がある。

一七世紀のヨーロッパの絵画に羽根ペンとインク壺を描いた例は少なくない。インク壺は焼物とみられるのは一例であり、一六六八年の絵（Alan Chong, Wouter Kloek 1999）に中国であろう染付壺をインク壺として使った例が羽根ペンとともに描かれている。一八世紀も引き続き羽根ペンとインク壺の組み合わせが描かれ、大黒屋光太夫がロシアに漂流した一七八二年~九四年の見聞記『北槎聞略《ほくさぶんりやく》』（岩波文庫、一九九〇）に「筆は鵞雁《ががん》の翮《はばき》を歪に削り、墨を含ませて注ぎ書し、鋒《ほこ》損ずれば随《やが》てこれを削る。又銀銅等にて製す」とある。

砂入れについての絵画は、オランダで一七一〇年頃描かれた「文法学校教師ヘンドリック・スナーケンブルフ」（オランダ村博物館『一七世紀のオランダ』一九八六）に、足付きのトレーにインク壺（蓋付き）、砂入れ、ベルなどが置かれている。すべて金属製であり、インク壺は丸い。こうしたセットは一八世紀の貴族などのなかで広まったらしい。『北槎聞略』に「墨の瀦《たまり》たる処には、鉄砂を撒して滲浸を防ぐ故に硯石《すずりいし》を用ひず。玻璃《びいどろ》の小瓶に墨を入、一つには鉄砂をいれ」とある。

肥前磁器には角形のインク壺が輸出初期にみられる。染付富士山文、瑠璃地金銀彩や型押し成形によるビスケット地の例がある。いずれも上面の縁辺にペンを立てるための小穴が穿《うが》たれている。これらが輸出の記録にみられる時期の伝世例である。これらより年代的に新しいもので、一六七〇～九〇年代の色絵でインク壺と砂入れの同意匠セットがオランダ・フローニンゲン博物館所蔵品にある。インク壺の方は蓋付きであり、初期の例より器高の割合が低い。砂入れは長方形で上面は少し凹ませ、一列七個の小穴を三列開けている。一六九〇～一七三〇年代のインク壺の例（フローニンゲン博物館蔵）は一六七〇～九〇年代のものと器形的に大差なく蓋付きの色絵例がある。中国磁器はインク壺、砂入れも肥前より遅れて作ったとみられ、一八世紀の例はある。

(2)　香炉・乳香壺

オランダの記録に、万治三年（一六六〇）オランダ本国へ「乳香壺《にゆうこう》六個」、寛文二年（一六六二）オランダ本国へ「香炉、釣り下げ香炉三六一個、染付二四個、色絵（金・銀彩）九四個、乳香壺一一六個」とある。

大別して香炉と乳香壺がある。乳香壺の「乳香」とは南アラビアやその対岸の東アフリカ・ソマリーランドに産し、古代のオリエント、エジプト、ギリシア、ローマなどで、香料として求められた。用い方は神々の祭典で焚《た》いて香の煙を通して匂いを知るのと、「膏《こう》薬《やく》の匂いを油脂に吸収させ、香膏と香油を神々の像に塗るとともに、彼ら自身の髪や顔に塗る」（山田憲太郎『香薬東西』一九八〇）。焚香料《ふんこうりょう》の代表はこの西方アラビアの乳香と没《もっ》薬《やく》、そしてインドから東方の沈香木《じんこうぼく》に大別されるという。

釣り下げ香炉については、山脇悌二郎氏は「教会堂でミサや行進のときに左右にうち振って香煙をまき散らすに用いた。wierook は薫煙香《くんえんこう》の乳香。会社はモカで大量に仕入れてヨーロッパに送った。なお後出の wierook potten は乳香を入れておく壺であって香炉でない」とする。『北槎聞略』に「尼寺にて法会《ほうえ》あり」「仏郎察《フランス》国の服を着たる小童数十人、蠟《ろう》燭《そく》、香炉を持ちてたつ」とある。香炉は wierookvat と記されているから主に乳香を焚くのであろう。

伝世品で一六六二年の記録の時期にあたる香炉とみられるのは、金銀彩の三足付き香炉（ドレスデン宮殿、ヘッセン州立博物館所蔵品）がある。蓋に丁字《ちょうじ》文の透かしがある。丁字は丁香《ていこう》（クローブ）であり、モルッカ諸島（インドネシア）産が有名な香料の一つである。

また釣り下げ香炉は両耳が付いた三足付き香炉がもっとも適当と考えられる。色絵石榴《いろえざくろ》文《もん》の例がアシュモリアン博物館、下蒲刈町《しもかまがり》蘭島閣《らんとうかく》美術館所蔵品（広島県）にあり、蓋には煙が立ち上るべく、透かしが彫られている。年代は一六七〇～九〇年代なので一六六二年の記録には該当しない。

一六世紀にはポルトガルがヨーロッパに丁香を運んだが、一七世紀になるとオランダ東インド会社がモルッカ諸島の丁香（クローブ）貿易を独占した。

家具（調度）

植木鉢、洗面器（盆）、便器とみられるものがある。植木鉢はオランダの記録に延宝五年（一六七七）オランダ本国向けに「染付植木鉢三六個」とある。一六六〇～七〇年代の大型の染付植木鉢は有田町長吉谷窯で出土しているがこのような底部に穴を開けた伝世例は知らない。植木鉢は一八世紀前半の伝世例がいくらかみられ、染付と色絵がある。イギリス・バーレイハウス、ドイツ・ドレスデン美術館、チェコ、オランダにある。この染付例はインドネシア・バンテン王宮遺跡でも出土している。

便器は記録では万治三年（一六六〇）バタヴィア本店へ「見本」として「便器二〇個」、延宝五年（一六七七）オランダ本国向けに「便器一〇個」、延宝七年（一六七九）オランダ本国「便器四〇個」とある。

便器（lampet schotel）について、山脇悌二郎氏は注で「ファン・ダーレの蘭語大辞典では、洗浄水を入れておく便器としている。単価は銀二十七匁ほどで、輸出磁器中、最高値である。一俵に通常、三個入れることになっており、大きな器形である」。「必ずしも便器でなかったかもしれない。浴室に置けば便器となり、庭園に置けば金魚鉢ともなる」とある。これに該当すると思われる大鉢は長吉谷窯で出土しており、伝世品はイギリス、オランダにある。

確かにこれらは大型品のため、製作も難しかったと考えられ、長吉谷窯では焼成に失敗して歪《ゆが》んだりつぶれたものが多くみられる。便器かどうかはわからないが一六六〇～七〇年代の肥前磁器輸出品中ではもっとも高価なものであったことはうなずける。

便器として明らかな伝世品は片手付きの鉢であり、バンテン王宮遺跡出土品やドイツ・ドレスデン国立美術館所蔵品など一六八〇～一七〇〇年代の間には典型的な便器が肥前で作られ始めたものとみられる。いずれも染付である。蓋を受ける溝を設け、重ねて焼くものとそうでないものがある。蓋受けを持たないものは初期のみのようである。これは先行するヨーロッパの陶器や金属器の便器が片手で蓋を付けないため、それをもとに注文された肥前も、最初蓋を付けない片手付きの鉢が普通に作られた可能性が高い。同時期か時を置かずして蓋付きの便器が注文され、一八世紀になると蓋付きばかりとなる。一八世紀になると蓋が付くだけでなく、把手が両側に付く。一八世紀第二、第三・四半期頃の染付便器はフォルカーの前掲書（T. Volker, 1954, PL. 21）、インドネシア・バンテン王宮遺跡出土品など少なくなく、さらに一八世紀後半〜一九世紀前半の染付便器は有田町所蔵蒲原コレクションや長崎・万才町遺跡出土品などがある。

こうした便器はヨーロッパの絵画（江戸東京博物館『掘り出された都市』一九九六）などから、当時建物内にトイレがなかったため、寝台近くに置き、夜間に用いた。都市部の住民は夜間などに用を足したその糞尿《ふんにょう》は共同トイレの便槽、もしくは特定の糞尿溜めに持っていかなければならない規則だったというが、守られず、日没になると便器の糞尿を窓越しに街路に投げ捨てることが普通になったという。いずれにせよ肥前の染付蓋付便器は金属やヨーロッパ陶器の便器より豪華なものであったから、上流階層向けのものだったに違いない。そのため、「臭いものには蓋を」で、早くに蓋付になったのかもしれない。

医療用品

ヨーロッパでは理髪師が外科医を兼ねていたが、それが分離されたのは一七四三年のことという。理髪外科医は瀉血《しゃけつ》という悪い体液を抜いて治療する方法を盛んに行っていた。一七八二年からのロシアの見聞記『北槎聞略《ほくさぶんりゃく》』に「刺絡《しらく》（刺珞）は毎年一度は必ず施す治療」で日本で灸《きゅう》を用いるようなものであり、貴賤ともに行うことが記されている。

また「理髪師の小僧で（中略）朝はひげを剃ったり、髪を結ったりしながら、午後は外

図23　色絵菊牡丹文髭皿　肥前
（USUI COLLECTION）

科医となる」（メルシェ『一八世紀パリ生活文化誌』一七八一）。パリッ子にとって理髪師は毎日必要な存在であったとある。肥前磁器輸出が始まる前の一六世紀の絵画に、猿を擬人化した理髪外科医の仕事場が描かれたものがあり（Albert S. Lyons 1987）、そこで五つの椅子に座ってそれぞれ瀉血、散髪、抜歯、傷の治療とともに頸《くび》に皿を当てて髭《ひげ》を剃《そ》ってもらっている様子が描かれている。また一八世紀の理髪師夫婦が、肥前磁器にみられる、口縁部の一方を半円形に切り欠いた形の髭皿を首から下げたり、手に持った様子を描いている。このように肥前磁器が輸出された頃のヨーロッパでは理髪外科医が身近におり、髭を剃り、かつ瀉血を行った。そして髭を剃るときに使う皿が瀉血のときには血を受ける皿にもなったという。

　肥前の髭皿は寛文二年（一六六二）にオランダ本国に向けて二五八個を輸出した記録が初見である。膏薬壺《こうやくつぼ》など薬剤容器といっしょに輸出された早い例としては、寛文八年（一六六八）で商館長個人買いとある。次は寛文一〇年（一六七〇）バタヴィア会社薬剤局向け、膏薬壺七一〇〇個、薬用瓶一八〇〇個、水薬用コップ二〇〇個と髭皿五〇個が輸出され、寛文一一年にもバタヴィア会社薬剤局へ輸出される。一六六二年オランダ本国向けの髭皿は、白磁の他は色絵である。伝世品では白磁は見られず、一八世紀に入っての色絵の例が多い。逆に一七世紀後半の例は染付ばかりであり、ロシア・エルミタージュ美術館、アムステルダム個人蔵がある。色絵の例は記録にはあるが実際の資料は知らない。いずれにせよ十分装飾されたものであり、一八世紀前半の色絵の華やかさからはとても外科の瀉血に用いられたとは想像しがたい。絵画に描かれた金属製の髭皿の方が似合っている。しかし、理髪師として髭を剃る際に当てるならば貴族用にこうした華やかな磁器も求められたのかもしれない。

普通知られる肥前磁器の髭皿は口縁端を小さく縁立ちとした鍔縁《つばぶち》の下方を半円形に切り欠き、上方に小円孔を二個開ける。同様の色絵花盆文髭皿の色絵素地と見られるものが、一七五一年沈没のゲルダーマルセン号引揚げ陶磁器のなかに一点みられる。この色絵髭皿の類品もエルミタージュ美術館の多数の髭皿のなかにある。

ロシアといえば、かの近代化革命を推しすすめたピョートル大帝（在位一六八二～一七二五）にまつわる興味深い話を思い出す。一六九七～九八年に大使節団の一員としてオランダ、イギリスなどを歴訪し、先進の西欧の技術を学んだピョートルは、帰国時に「出迎えた貴族たちの伝統的な長いあご髭とロシア服の裾を切り落とし、西欧化への決然たる意欲を示した」（『週刊朝日百科世界の歴史88』一九九〇）という。髭をのばす風俗はキリストが髭を生やしていたからであり、これを失うと神から離れるとの考えがあった。そのため皆は恐れたが、ピョートルは髭税を設け、一七〇五年勅令で、違反者に対して身分・階層別に罰金（税）が規定された。つまり髭税を納める者のみが髭を生やしていられることになった。このエピソードを描いた絵に髭皿とみられる半円形の切り欠きのある鍔縁皿が描かれている（『週刊朝日百科世界の歴史82』一九九〇）。

こうしたロシアのエルミタージュ美術館に有田焼の髭皿がたくさん収蔵されているのは興味深い。図録（国際日本文化研究センター『エルミタージュ美術館所蔵日本美術品図録』一九九三）をみると、一七世紀末から一八世紀中葉にかけての染付と色絵の髭皿が五三点ある。エルミタージュ美術館の肥前磁器コレクション中に占める髭皿の点数割合の高さはヨーロッパの他の美術館にみられない。これがピョートル大帝時代と死後三〇年間ぐらいのなかにおさまるものである点をみると、ピョートルがすすめた西欧化の象徴としての髭剃りと無関係でないように思われる。膏薬壺、薬瓶とともに髭皿もまた中国磁器よりも肥前磁器が早く注文生産しており、中国磁器の例は一八世紀に入ってから現れる。

伊万里焼海外輸出の衰退

東インド会社の衰退

肥前磁器の海外輸出は、オランダの記録から、一七五七年を最後に公式貿易は見られなくなる。このことは伝世品《でんせいひん》や考古資料をみても矛盾しない。しかし、これをもってまったく海外輸出が終わったのではなく、記録の上からも脇荷《わきに》つまりオランダ東インド会社の職員が私的に運ぶものがあった。そのため、有田にも「唐阿蘭陀《オランダ》向け焼物商売」の商人がいたし、『有田皿山代官旧記覚書』一七七〇年(明和七)に「近年、有田皿山陶器、唐・阿蘭陀向けが不景気につき、今般吟味の上、当年よりは右商人一〇人を定める。いささかも粗末な陶器を渡さないように申し付ける。それでも心得違いの者がいて、不出来のものなどを加えて渡すようなことがあれば、この仕組みが成り立たなくなるので、出島陶器改方《あらためがた》において、不審の焼物俵は時々切り解いて、検査すること」を有田皿山会所が指示している。そして切り解いた場合、再び荷拵《にごしら》えするための荷仕（師）を有田から派遣している。

こうしたオランダ向け焼物商人については一七六五年（明和二）に小城藩用達《おぎはんようたし》長崎本五島町在住の藤井二兵衛が「阿蘭陀向け焼物商売方」をして来ており、皿山に対する焼物仕入銀が滞っていることが記される。本藩だけでなく支藩の商人までがオランダ向け輸出陶器を扱っている。

また一七六七年（明和四）、天草の高浜焼がオランダ向け磁器を試みている（上田家文書）。試し焼きしたものを長崎に持参してオランダ人に見せることができるよう取り計らってもらいたいと役所に願い出た。その結果かどうかはわからないが、一七七七年（安永六）に長崎奉行がオランダ人に高浜焼を見せ、オランダ人が高浜焼を注文したときには手本として自分たちが所持していた「広東焼」（中国磁器）などが示された。翌年には長崎出島店で売ることも許された。こうして一七七八年に始まった高浜焼のオランダ人向けの磁器も有田との競争に敗れ、一七八一年（安永一〇）には中止した。

実際、一八世紀後半のヨーロッパ輸出用と考えられる肥前磁器の人形類、便器などの品質は良くない。輸出向け肥前磁器の品質は良くなかったが、オランダの職員は適宜、国内向け磁器のなかから買って、ヨーロッパに運んだようである。そのため国内向けの肥前磁器は東南アジアでもいくらかみるが、主にヨーロッパでみられる。伝世品の場合、後世とくに明治以降古美術品として渡ったものが多いので、必ずしもヨーロッパにあるからという理由では当時渡った証拠にはならないが、イギリスを中心に少なからず、一八世紀後半〜幕末の肥前磁器がみられる。これらのうちイギリスでは地を染付文様の間を濃みと呼ぶ太い筆で塗りつぶす技法による染付が多いことが指摘されている（Irene Finch *"THE LOST CENTURY"* 1998）。この様式の染付は天明、一七八〇年代頃から流行《はや》り、一九世紀第一・四半期にかけて多い。祥瑞《しょんずい》のリバイバルもある。平戸焼も輸出された可能性が高く、とくに一九世紀の例は欧米に多い。

またオランダ向け水甕《みずがめ》商売の商人がいたし、佐賀県塩田あたりで生産されていた陶器の大甕に目をつけたオランダがバタヴィアなど東南アジアの水甕用などに輸出したことも記録にあり、また実際にインドネシア・バンテン王宮遺跡で出土した陶片からうかがえる。

オランダ東インド会社はさらに衰退を遂げ、一七九九年ついに解散した。以後も長崎出島でオランダ貿易は続いたようであるが、貿易の衰退は著しかった。鎖国のためオランダ、中国のみの来航を許していた日本であるが、いよいよ欧米列強の東アジア進出が強まるなか、オランダは一八四四年、幕府にたいし開国を進言した。一八五九年（安政六）には長崎出島の和蘭《オランダ》商館が閉鎖し、幕府は神奈川、箱館、長崎三港で米・英・蘭・露・仏との自由貿易を許可した。

ヨーロッパ輸出とアジアへの逆流

一五〜一六世紀の大航海時代にアジアやアメリカ大陸などから持ち込まれた香辛料、コーヒー、茶、チョコレート、タバコなど多くの嗜好品によってヨーロッパの人々の生活は豊かなものになっていく。嗜好品ばかりでなく、中国景徳鎮《けいとくちん》の美しい磁器も東洋からもたらされた重要な文物であった。それらは一七世紀のうちにヨーロッパ的に消化・吸収され、しだいにヨーロッパ人の生活に定着した。また東洋へのあこがれから王侯貴族の間で東洋趣味が流行ったが、肥前磁器が中国景徳鎮磁器に代わって海外輸出された時代は、まさにこうしたヨーロッパでの東洋趣味流行の時期にあたっていた。

ところが、こうした新鮮な東洋の文物がヨーロッパ人の生活のなかに消化・吸収されてしまい、しだいに新たなヨーロッパ人の生活に合ったものに作り変わり、製作や供給をコントロールできるようになると、東洋のモノへの熱は冷めていくかにみえる。

一八世紀にアジア貿易で優勢となるイギリスは中国磁器を盛んにヨーロッパに運んだ。中国は一六八四年以降貿易禁止を解き、再び中国磁器が本格的に輸出され始めると、オランダも中国磁器を多く扱い、肥前磁器とともにヨーロッパに輸出したから、一八世紀に夥《おびただ》しい量の中国磁器がヨーロッパに流入した。それは現在ヨーロッパの宮殿・邸宅を飾る、肥前磁器よりはるかに多くの中国磁器が裏付けている。肥前磁器の輸出が一七五〇年代までの間、漸減していったため、その後は中国磁器がほとんどとなる。しかし中国磁器の輸出も長く続かなかった。その原因はイギリスで一八世紀後半にすすんでいく産業革命と考えられる。つまり、ヨーロッパでの陶磁器生産も一八世紀後半になると、ヨーロッパ人の生活にあった陶器が工業革命で量産され、安価にできるようになる。結果として高価な中国磁器はヨーロッパ市場で競争力を失うのである。イギリスが広東からの中国陶磁器の輸入をほとんど止めたのは一七九九年といい、代わってイギリスの銅版転写による青い文様を施した陶器生産が盛んになったらしい。

一八世紀末以降、ヨーロッパの陶磁器市場から東洋磁器がほとんど消えることになる。市場にはイギリスなどヨーロッパ製の陶磁器が流通した。さらに一九世紀中葉になると産業革命で量産されたイギリス・オランダなどの陶磁器は市場を求めて、アジア、アメリカなどに向けて輸出するようになるが、一九世紀初め、イギリスが工場生産によってヨーロッパで消費しきれない余剰綿布をインドに売り付けるようになるのと同様の現象といえるだろう。つまりそれまでインドから綿布を輸入していた両者の関係が逆転し、原綿だけをインドから輸入して工場で量産した完成品を、イギリスが支配するインドに売り付けるようになったのである。

イギリスのこうした陶器の生産・輸出が盛んになるのは一八世紀後半からと考えられる。その時期のイギリス陶器の代表はクリームウェアと呼ばれる乳白色の陶器である。長崎・出島和蘭商館跡の発掘でこうした早い時期のヨーロッパ陶器がみられるのは、日本のなかで小さなオランダの世界を形成した出島ならではのことである。

西洋陶器の日本への輸入が量的に増大するのは一九世紀中葉である。これはイギリス中心の産業革命で工業化がすすんだ結果であり、日本が開国、明治維新への道を歩む時期にあたるのである。中世以来、中国志向できたわが国が欧米志向に変わる。それは陶磁器にも現れ、少量みられた中国磁器の輸入は明治に入るとほぼ消える。また意匠上の影響は江戸時代に受けたものが残る程度となるのである。こうした中国磁器の海外流通の減退も一様でなく、前述のようにヨーロッパでは一八世紀末であったし、日本では一六四四年以降激減したが、明治になるとほとんどみられなくなる。しかし、シンガポールのように中国人の多い地域ではなお中国磁器の流通が残るように、地域の政治・経済状況によって異なるのである。

以上のように、中・近世は中国磁器の時代であったが、政治・経済を反映して各国各地域において、それぞれの複雑な変遷があった。経済的に豊かになるにつれ陶磁器は人々の生活に密着した必需品として量を増し、その時々の世界情勢を映し出す鏡としての役割を十分に果たすことになったのである。

近現代社会の陶磁器流通

一八六七年（慶応三）にヨーロッパでパリ万国博覧会が開催され、徳川幕府は各藩に参加を呼びかけたが、出品を行ったのは佐賀藩と薩摩藩だけであった。製品だけでなく、肥前・薩摩の産地関係者もヨーロッパの地を踏み、ヨーロッパの需要を調査した上で、明治の輸出時代を現出した。一八七三年（明治六）のオーストリア・ウィーン万博、一八七六年（明治九）のアメリカ・フィラデルフィア万博、一八七八年（明治十一）の第二回パリ万博など一九世紀後半の欧米への輸出も一時的な関心を欧米人に喚起したに過ぎず、産業革命を進め、世界の中心が欧米に移っていく流れを変えることはできなかった。ヨーロッパの技術が逆に有田焼をはじめ日本の陶磁器に大きな影響を及ぼす。ヨーロッパから製陶機械を導入し、近代的な会社組織による製陶会社も生まれ、より安い磁器の生産が進む。

初めこそ、東洋への憧れの残影があり珍しがられ、一九〇〇年（明治三十三）には一九世紀の記念としてのパリ万博に日本から多く出品したが、有田焼への審査評は素地原料や釉薬の工夫が不足し、また考案が古く、欧州の製品の器形を模倣したものが多いことなどの点で不評であった。こうして欧米の美意識にそぐわない日本磁器の輸出は二〇世紀に入ると衰退した。

欧米主導の陶磁文化の到来は、用の器の世界とは別に、芸術的陶磁器の世界が生まれる契機となった。

磁器の食器が一八世紀後半に庶民にまで普及すると、江戸後期には全国各地で磁器の殖産興業の動きがあった。しかし、多くは価格競争で破れ、短期間で廃窯になった。その中で、瀬戸・美濃窯、京焼、九谷、砥部、会津本郷などは特徴ある磁器で成功する。とりわけ瀬戸・美濃窯は肥前より安い磁器を量産し、幕末には江戸から全国的に流通させ、明治以降、生産量で日本第一の磁器生産地となる。

第二次世界大戦後の低迷期を経て、より豊かで多様化した陶磁器が求められる時代となった。磁器生産地は有田、瀬戸・美濃、京都、イギリスのウェッジウッド、ドイツのマイセンなど、多くの産地製品が多様なニーズで流通する時代であり、往時、龍泉窯や景徳鎮窯、あるいは肥前窯のように一つの磁器生産地が世界の磁器市場で大きなシェアを占めることはなくなったといえる。磁器の技術が難しいものでなくなり、情報のグローバル化により、意匠、器形なども珍しさがなくなった結果であろう。逆に世界の骨董から現代までの豊富な陶磁器の存在から、個々人のニーズで陶磁器を選べる時代にいたったといえる。

あとがき

中近世の貿易陶磁器が考古学的に研究され始めたのは、それほど古いことではない。『陶磁の道』（一九六九年）という名著を著し、先駆的な研究をされた三上次男博士が指導的役割を果たされた。筆者は学生時代、奥田直栄先生の薫陶を受け、中世城郭や鎌倉の寺院跡などの発掘調査を通して、中世に輸入されていた中国陶磁に触れた。まだ江戸時代以降の陶磁器については無知に等しかったが、その後、青山学院大学で三上先生について学び、佐賀県有田の古窯跡の発掘調査に参加した。これが縁で佐賀県立九州陶磁文化館設立時に奉職したが、以来、近世陶磁の研究にのめり込んだ。全国各地の遺跡で出土する陶磁器の鑑定に協力しながら、出土する陶磁器が時代によって、地域によって差異があることをおぼろげながら把握できた。また肥前の陶磁器は一七・一八世紀に海外にも輸出されたため、海外の遺跡の調査で出土することも、近十数年で急速に明らかになってきた。海外調査の場合、地元事情に通じた研究者が必要であり、インドネシアは坂井隆氏、ベトナムは菊池誠一氏の活躍で調査研究は進展した。

ヨーロッパに流通した肥前磁器についてはヨーロッパの研究者によって紹介されてきたが、国際日本文化研究センター（当時）別役恭子氏主導の旧東欧の日本美術品悉皆調査に協力したことでヨーロッパの肥前磁器のあり方が、国によって異なることがわかってきた。

以上のような国内外での陶磁器資料の蓄積によって地域ごとの陶磁器文化について語ることができるようになってきた。というのも従来、オランダの古記録などをもとにした肥前磁器輸出の研究はあった。しかし記録内容が実際どのような磁器なのか、実物の同定はもちろん、類似品の推定さえはるかに及ばなかった。それを試みた本はあっても、実際は随分違ったものを紹介していたケースが多い。その最大の原因はモノの製作年代を正確につかめていなかったからである。一九九〇年以降、急速に分かってきたのは、その前の一〇年間に、肥前磁器の詳細な編年ができあがったからである。

こうした成果をもとに、肥前磁器の海外輸出については『伊万里市史陶磁器編』（二〇〇二年）にまとめたが、今回、中世からのより巨視的な陶磁貿易の歴史を書く機会をいただいた。陶磁器が語る歴史のうねりのようなものを描ければと思ったが、力不足で十分意を尽くせなかったところもあるかもしれない。

また、この十数年にわたる国内外の調査に当たっては多くの方々の協力があった。一々明記できないが改めて感謝申し上げたい。

最後に、本文中の図版の掲載について、掲載のご許可をいただいた諸機関や個人の方々に感謝するとともに、刊行に際してご尽力いただいた吉川弘文館編集部の一寸木紀夫氏、永田伸氏にお礼を申し上げる。

二〇〇四年三月

大橋康二

参考文献

生田　滋『大航海時代とモルッカ諸島』中公新書、一九九八
岩生成一『日本の歴史14　鎖国』中公文庫、一九七四
臼井隆一郎『コーヒーが廻り世界史が廻る』中公新書、一九九二
江戸東京博物館『掘り出された都市』一九九六
応地利明『絵地図の世界像』岩波新書、一九九六
大橋康二「海外流通編」『伊万里市史陶磁器編』二〇〇二
大橋康二・坂井隆「インドネシア・バンテン遺跡出土の陶磁器」『国立歴史民俗博物館研究報告』第八二集、一九九九
オランダ村博物館『一七世紀のオランダ——ライデン市民の生活——』一九八六
角山　栄『茶の世界史』中公新書、一九八〇
北川香子「ポスト・アンコールの王城」『東南アジア——歴史と文化』第二七号、一九九八
九州陶磁文化館『海を渡った肥前のやきもの』一九九〇

九州陶磁文化館『トプカプ宮殿の名品』一九九五
坂井　隆『港市国家バンテンと陶磁貿易』同成社、二〇〇二
佐久間重男『景徳鎮窯業史研究』第一書房、一九九九
佐久間重男『日明関係史の研究』吉川弘文館、一九九二
『週刊朝日百科・世界の歴史』朝日新聞社、一九九〇
昭和女子大学『ベトナム・ホイアン考古学調査報告書』一九九七
鈴木　董『オスマン帝国』講談社現代新書、一九九二
星野龍夫『食は東南アジアにあり』ちくま文庫、一九九五
増田義郎『大航海時代』講談社、一九八四
メルシェ著『一八世紀パリ生活誌下』岩波文庫、一九八九。原著は一七八一年刊
山脇悌二郎『長崎のオランダ商館』中公新書、一九八〇
山脇悌二郎「貿易編」『有田町史商業編Ⅰ』有田町史編纂委員会、一九八八
UCCコーヒー博物館『コーヒーという文化』柴田書店、一九九四
吉田篁墩『北槎聞略』岩波文庫、一九八〇
ヨハン・ベックマン著『西洋事物起原4』特許庁内技術史研究会訳、岩波文庫、二〇〇〇

原著はドイツで一七八〇〜一八〇五年に刊行された。

Alan Chong, Wouter Kloek, *Still-Life Paintings from the Netherlands 1550–1720,* Rijksmuseum, Amsterdam, 1999

Albert S. Lyons, *MEDICINE*, 1987

B. E. J. S. Werz, "The Excavation of the Oosterland in Table Bay", *South African Journal of Science,* 88, 1992

C. J. A. Jorg, *The Geldermalsen History and Porcelain,* Kemper Publishers, Groningen, 1986

Colin Sheaf & Richard Kilburn, *The Hatcher Porcelain Cargoes,* Oxford, 1988

LEO MOULIN, *Les Liturgies De La Table*, 1988

Frits Scholten, *Dutch Majolica & Delftware* (*1550–1700*) *from The Edwin van Drecht Collection*, Hague, 1993

Gerald Reitlinger, *Eastern Ceramics*, The Ashmolean Museum, Oxford, 1981 ; No. 246

Harald Marx, Gregor J. M. Weber, *The Old Masters Picture Gallery Dresden*, 1993

Historisches Museum, *Georg Flegel Stilleben 1566–1638*, Germany, 1999

John Ayers, *Chinese Ceramics in The Topkapi Saray Museum Istanbul,* Sotheby's Publications,

London, 1986

T. Volker, *Porcelain and the Dutch East India Company, 1602–1682*, Leiden, 1954. 訳文は、井垣春雄校閲、前田正明訳、T・フォルカー著『磁器とオランダ連合東インド会社』陶説、一九七九〜一九八四

Weber, *Stilleben alter Meister*, Kassel, 1989

著者紹介

一九四八年、神奈川県に生まれる
一九八〇年、青山学院大学院文学研究科史学専攻博士課程を中退
現在、佐賀県立九州陶磁文化館副館長
東洋陶磁学会常任委員

主要編著書
有田町史古窯編（共著）　肥前陶磁―考古学ライブラリー　古伊万里の文様　アジアの海と伊万里（共著）　伊万里市史陶磁器編（共著）　日本のやきもの―有田伊万里　日本のやきもの―唐津

歴史文化ライブラリー
177

海を渡った陶磁器

二〇〇四年（平成十六）六月一日　第一刷発行

著　者　大《おお》橋《はし》康《こう》二《じ》
発行者　林　英男
発行所　株式会社 吉川弘文館
東京都文京区本郷七丁目二番八号
郵便番号一一三―〇〇三三
電話〇三―三八一三―九一五一〈代表〉
振替口座〇〇一〇〇―五―二四四
http://www.yoshikawa-k.co.jp/

印刷＝株式会社 平文社
製本＝ナショナル製本協同組合
装幀＝山崎　登

歴史文化ライブラリー

1996.10

刊行のことば

現今の日本および国際社会は、さまざまな面で大変動の時代を迎えておりますが、近づきつつある二十一世紀は人類史の到達点として、物質的な繁栄のみならず文化や自然・社会環境を謳歌できる平和な社会でなければなりません。しかしながら高度成長・技術革新にともなう急激な変貌は「自己本位な刹那主義」の風潮を生みだし、先人が築いてきた歴史や文化に学ぶ余裕もなく、いまだ明るい人類の将来が展望できていないようにも見えます。

このような状況を踏まえ、よりよい二十一世紀社会を築くために、人類誕生から現在に至る「人類の遺産・教訓」としてのあらゆる分野の歴史と文化を「歴史文化ライブラリー」として刊行することといたしました。

小社は、安政四年（一八五七）の創業以来、一貫して歴史学を中心とした専門出版社として書籍を刊行しつづけてまいりました。その経験を生かし、学問成果にもとづいた本叢書を刊行し社会的要請に応えて行きたいと考えております。

現代は、マスメディアが発達した高度情報化社会といわれますが、私どもはあくまでも活字を主体とした出版こそ、ものの本質を考える基礎と信じ、本叢書をとおして社会に訴えてまいりたいと思います。これから生まれでる一冊一冊が、それぞれの読者を知的冒険の旅へと誘い、希望に満ちた人類の未来を構築する糧となれば幸いです。

吉川弘文館

〈オンデマンド版〉
海を渡った陶磁器

歴史文化ライブラリー
177

2018年（平成30）10月1日　発行

著　者　大《おお》橋《はし》康《こう》二《じ》
発行者　吉川道郘
発行所　株式会社　吉川弘文館
〒113-0033　東京都文京区本郷7丁目2番8号
TEL　03-3813-9151〈代表〉
URL　http://www.yoshikawa-k.co.jp/

印刷・製本　大日本印刷株式会社
装　幀　清水良洋・宮崎萌美

大橋康二（1948～）

ISBN978-4-642-75577-1